AF637673

Schirner Verlag

Ina Ruschinski

Seelenwege

Die magische Reise
einer Frau zu sich selbst

Roman

Schirner Verlag

Weg

Wer sich einmal auf den Weg macht – geht,
schaut zurück, vielleicht manchmal mit Sehnsucht,
aber kehrt nie mehr um.
Es gibt nur einen Weg – den eigenen.
Er kann beschwerlich sein, Angst bereiten,
doch offenbart er sich,
ist er klar, hell und kraftvoll,
wie eine lang vergessen geglaubte Erinnerung an sich selbst –
an die Aufgabe der Seele.

Ina Ruschinski

Die Originalausgabe erschien 2009 im Schirner Verlag, Darmstadt.

12. Auflage seit Erscheinen

Wir verzichten auf das Einschweißen unserer Bücher – **UNSERER UMWELT ZULIEBE!**

ISBN Printausgabe 978-3-8434-1413-5
ISBN E-Book 978-3-8434-6088-0

Ina Ruschinski:
Seelenwege
Die magische Reise einer Frau
zu sich selbst

Umschlag: Simone Fleck, Schirner,
unter Verwendung von # 636105221
(© Dina Julayeva) und # 1203487738
(© Riska Parakeet), www.shutterstock.com
Layout: Ewa Ledergerber, www.k-und-d.de,
unter Verwendung von # 1248444979
(© Valerii_M) und # 22606717 (© ilolab),
www.shutterstock.com
Lektorat: Beate Christmann &
Natalie Köhler, Schirner
Printed by: Ren Medien GmbH,
Germany

www.schirner.com

4. Auflage März 2024

magyar angyalomnak, Panni

VORWORT

Alles Erschaffene hat eine Seele, sagen die Schamaninnen.

Geschichten, mit ihren Botschaften für uns, existieren irgendwo in ihrer eigenen Dimension und warten darauf, dass ihnen jemand sein Herz und seinen Geist öffnet, hinhört und lauscht, was sie zu erzählen haben. Und wenn jemand bereit ist, der Geschichte eine Sprache zu geben, kann sie als Buch lebendig werden und mit ihrem Wirken beginnen. So gesehen scheinen doch auch Bücher beseelt zu sein.

Mit »Seelenwege« jedenfalls war es damals so. Es kam, klopfte an und erzählte mir seine Geschichte – weil wir gut zusammenpassten, weil wir eine gemeinsame Schwingung hatten.

»Wer sich einmal auf den Weg macht, geht …«

Ich schrieb »Seelenwege« 2007, ich schrieb sieben Monate daran, und es war mein siebtes Buch – nun, wer sich für Numerologie interessiert …

Auch ich bin damals meinem Weg gefolgt. Er zeigte sich mir voller Licht und Energie, ich schrieb und schrieb und begann allmählich, »Seelenwege« zu spüren, leibhaftig – ich wanderte durch Täler, sah meinen inneren Wolf und fürchtete mich vor meinen Schatten. Ich bin gestorben und wieder neu geboren. Man könnte wohl sagen, ich habe dieses Buch durchlebt. Doch am Ende, einige Zeit nach diesem kräftezehrenden Prozess, durfte ich mit Verwunderung feststellen: Dieses Buch, »Seelenwege«, mit all seinen Herausforderungen für mich, hat eine ganz eigene Energie, Prozesse der Veränderung anzustoßen, einen Impuls zu setzen gleich einem Funken, der in unserer Seelenkraft schon so lange und geduldig ruht und endlich entfacht werden will – jetzt. Und dann gibt es nur noch eine einzige Entscheidung – einen einzigen Weg: den Weg der Seele und ihrem Ausdruck hier, in diesem Leben, zu folgen.

Im Laufe der Jahre durfte ich viele berührende Mails und Briefe lesen, Lebensgeschichten – wahre Seelenwege meiner Leserinnen. Sie erzählten oft übereinstimmend, dass »Seelenwege« sie genau zur rechten Zeit fand. Dass es ihnen durch eine Zeit der Unsicherheit und auf ihren Weg verhalf und dass es ein Gefühl der Erkenntnis in ihnen auslöste. Ich las diese Zeilen, oft tief bewegt und demütig. Dieses Buch schien mir größer als ich selbst.

Ich bin dankbar, dass ich dieser Geschichte meine Stimme geben durfte. Doch vor allem danke ich all den Leserinnen, die die Seele dieses Buches empfunden haben.

Auch heute ist mir »Seelenwege« immer wieder eine beharrliche Erinnerung daran, meinen Weg mit Liebe zu gehen. Und so nehme ich dieses Buch von Zeit zu Zeit in die Hand, lese hier und dort ein paar Zeilen und denke: Woher kommst du, und welche Menschen möchtest du noch finden, um ihnen etwas zu erzählen – nicht allein von dir, sondern vielmehr etwas über sie selbst? Du willst ihnen sagen, dass sie ihrer Seele lauschen und vertrauen können – dass sie die Kraft längst in sich haben, doch vielleicht noch nicht den Mut, sich auf den Weg zu machen – auf ihren ureigenen Weg –, weil in dieser Phase der Veränderung manchmal Ängste warnen wollen, Widerstände und Zweifel erwachen. Und doch die eigene Stimme leise sagt – es ist Zeit …

Ich stütze mich schwer auf das Waschbecken. Mein Blick wandert in den Spiegel. Eine ganze Weile betrachte ich mich. Was ist das für ein Gesicht, das mir entgegenschaut? Wer ist diese Frau? Ihre Augen sind müde und betrachten mich leer. Ihre Augen sind mir fremd. Was ist, wenn ich mein Gesicht irgendwann nicht mehr als das meine erkenne? Ist das überhaupt noch mein Gesicht? Ist das meine Hand, die da gerade eine Haarsträhne zur Seite schiebt? Wer bin ich? Ich bin unglücklich, jeden Tag. Ich habe Kopfschmerzen.

Jeden Tag fahre ich denselben Weg mit dem Fahrrad zu meiner Arbeitsstelle, in das städtische Krankenhaus, heute zur Spätschicht. Ich fahre immer die Hauptstraße entlang, an der Einkaufsmeile vorbei, und manchmal stelle ich mein Fahrrad am Blumenladen ab und gehe noch etwas besorgen, so auch heute. Ich fahre immer denselben Weg, zu denselben Zeiten, ohne Umwege, zur Frühschicht, zur Spätschicht – nur zur Nachtschicht nehme ich das Auto und fahre über die Autobahn.

Ich muss einen Toaster umtauschen. Er hat die falsche Farbe. Er ist rot, und das passt nicht zu meinem Küchensofa. Ich schaue auf die Kirchturmuhr. Es ist halb elf. Ich habe noch eine Dreiviertelstunde Zeit, bis mein Dienst beginnt. Auch zu diesem kleinen Buchladen in der Gerbergasse muss ich noch, um ein Buch für eine Freundin abzuholen. Ist sie überhaupt eine Freundin?

Ich gehe schnellen Schrittes in das Kaufhaus. Ich habe Zeit, aber ich kann nicht langsam gehen.

Der neue Toaster gefällt mir. Er ist blau. Das passt viel besser.

Auch die Gerbergasse ist nach meinem Geschmack. Mein Schritt wird ruhiger. Ich mag das historische Pflaster und die alten Giebel. Ich stehe einen Moment vor dem Buchladen und schaue nach oben. Ich sehe ein Stück Dach und ein Stück Himmel. Die Sonne scheint zwischen ein paar Wolken hindurch, nur einen kurzen Augenblick lang. Ich lächele. Dann gehe ich die Stufen hinauf in den Buchladen.

Das Buch abzuholen geht schnell. Ich bin die einzige Kundin. Beim nächsten Mal nehme ich mir ein wenig mehr Zeit in dem Laden. Eilig lasse ich die Gerbergasse und auch das Lächeln hinter mir. Ich brauche nicht zu hetzen, und dennoch haste ich durch die Stadt, die sich mittlerweile mit Menschen gefüllt hat. Sie machen mir Platz. Sie scheinen zu merken: Hier kommt eine, die heute noch wichtige Dinge zu erledigen hat. Ich glaube, mir gefällt diese Eile. Fast kann man sie mit Flucht vergleichen. Ich haste über den Marktplatz, an der Kirche vorbei, rücke dabei meinen Mantelkragen zurecht, stoße mit einem älteren Herrn zusammen, wir entschuldigen uns beide, ich schaue zur Turmuhr. Es ist halb drei.

Ich stehe und starre zur Kirchturmuhr. Nach einer Minute springt der Zeiger einen winzigen Schritt weiter. Zwei Minuten nach halb drei. Die Uhr steht nicht. Mir wird ganz heiß im Nacken.

»Entschuldigung!«, spreche ich die nächstbeste Frau an. »Wie spät ist es wohl?«

»Einen Moment.« Sie bleibt geduldig stehen und kramt ihr Handy aus der Handtasche. Die Frau ist schon etwas älter. Es dauert, bis sie es aufgeklappt hat und die Uhrzeit entdeckt. »Vierzehn Uhr einunddreißig.«

Ich starre wieder hoch zur Kirchturmuhr und schaffe es nicht, mich zu bedanken. Drei Minuten nach halb drei. Die Kirchturmuhr geht vor, stelle ich fest. Aber nur zwei Minuten, nicht drei Stunden. Die Frau nickt mir schweigend zu und geht weiter. Meine Knie werden weich. Drei Stunden! Mir fehlen drei Stunden meines Lebens!

Alles dreht sich. Mein Herz beginnt rasend zu klopfen. Ich kann die Schläge kaum noch zählen. Ich kann kaum noch atmen. Ich schnappe nach Luft. Auf meinem Rücken sammelt sich kalter Schweiß. Ich fasse mir an den Kopf. Er tut seltsamerweise gar nicht mehr weh. Meine Beine zittern.

»Du hast gerade eine Panikattacke«, sage ich zu mir selbst. Ich bin schließlich lange genug Ärztin, um das zu wissen. »Du hast Panik«, wiederhole ich. »Zu Recht«, füge ich hinzu. Es tröstet mich ein bisschen, dass ich wenigstens das weiß.

»Elf mal elf sind hunderteinundzwanzig, zwölf mal zwölf – hundertvierundvierzig. Du kommst zu spät zum Dienst, drei Stunden zu spät.« Ich laufe los. Dann bleibe ich stehen. Und laufe wieder los. »Sechzehn mal sechzehn – zweihundertsechsundfünfzig. Entschuldigung! Wie spät ist es?«

Der Mann schaut auf seine Armbanduhr. »Gleich zwanzig vor«, sagt er.

»Vor drei?« Ich hoffe, dass ich mich täusche und er gleich verständnislos schauen und sagen wird: »Nein! Natürlich vor zwölf.«

»Ja, zwanzig vor drei«, sagt der Mann und geht weiter.

Ich schreie! Ich weiß gar nicht, schreie ich wirklich oder schreit es nur in meinem Kopf? Einige Menschen schauen mich irritiert an. Ich renne los, zum Blumenladen. Mein Fahrrad steht noch dort, genau so, wie ich es vor … wie ich es abgestellt hatte. Ich weine fast vor Glück darüber. Dann setze ich mich auf den harten Fahrradständer und fange an zu heulen. Drei Stunden meines Lebens fehlen. Einfach so! Ausgelöscht. Ich begreife langsam meine Situation. Nein! Ich begreife gar nichts. Meine Hände zittern. Wieder spüre ich die Panik in mir aufsteigen. Vielleicht bin ich ohnmächtig gewesen? Irgendwann im Kaufhaus oder im Buchladen oder auf dem Weg dazwischen? Man hat mich einfach so wieder gehen lassen? Unwahrscheinlich, das macht doch niemand. Allerdings wäre auch niemand in der Lage gewesen, mich am Gehen zu hindern. Ich bin schließlich Ärztin. Und ich bin noch nie ohnmächtig geworden. Nicht mal unter den stärksten Kopfschmerzen. Aber meine Kopfschmerzen – die sind weg! Das Gefühl ist so selten, dass es mir sogar in dieser Situation auffällt.

Durch das Schaufenster des Blumenladens sehe ich eine Uhr über dem Verkaufstresen hängen. Gleich drei. Ich muss ins Krankenhaus. Mühsam stehe ich auf. Die Kollegen sind sicherlich schon in heller Aufregung. Bestimmt versuchen sie unentwegt, mich zu erreichen. Ich habe kein Handy dabei. Privat habe ich nie ein Handy bei mir. Zu viel Strahlung. Ich wanke zum Blumenladen. Ich muss schnell im Krankenhaus anrufen und sagen, dass ich gleich da bin. Und ich muss mir irgendeine Notlüge überlegen, weshalb ich unangekündigt über drei Stunden zu spät komme.

»Verdammt! Du musst deinen Kopf untersuchen lassen!«, schimpfe ich laut. Zwei Teenager schauen mich erstaunt an und kichern. Ich nehme es verwirrt zur Kenntnis, mein Atem geht schwer. Die Menschen ziehen links und rechts an mir vorbei.

»Ich werde wahnsinnig«, flüstere ich. »Ich bin schon wahnsinnig.« Ich schaue mich um wie ein gehetztes Kaninchen. Die Geräusche, die Farben, alles ist so überdeutlich und grell. »Ich muss mich einliefern lassen. Man muss mich gründlich untersuchen.« Ich gebe mir diesen Rat so sachlich, als wäre ich meine eigene Patientin.

Ich wanke auf den Blumenladen zu, will dort telefonieren, um mich abholen zu lassen.

Meine Hand greift schon nach der Ladentür, da überlege ich es mir anders. Ich finde, es ist keine gute Idee, den Ärzten aus der Psychiatrie meine Situation vom Telefon des Blumenladens aus zu erklären. Der Laden ist zu voll. Ich drehe mich um und gehe wieder zurück zu meinem Fahrrad.

»Ich werde jetzt einfach nach Hause fahren, mich hinlegen und über meine Situation nachdenken. Ich werde im Krankenhaus anrufen und sagen, dass ich mir dieses Virus eingefangen habe, das gerade auf der Station umgeht, und dass ich bisher im Minutentakt die Toilette aufsuchen musste.« Ich sage diese Worte so eindringlich – und offensichtlich auch laut – zu mir, dass wieder einige Menschen stehen bleiben und mich mit prüfendem Blick mustern. Es ist mir egal. Ich nehme mein Fahrrad aus dem Ständer. Merkwürdigerweise ist es nicht abgeschlossen. Das ist ein Zeichen! Ich bin also schon vorher nicht ganz da gewesen. Das beruhigt mich. Das ist endlich mal ein Hinweis. Ich radle los.

An der roten Ampel registriere ich, dass ich registriere, dass sie rot ist. Auch das beruhigt mich. Ich merke, dass ich den Verkehr vorausschauend einschätzen kann – und reagiere schnell, als plötzlich ein anderer Fahrradfahrer aus einer Nebenstraße schießt und meinen Weg kreuzt. Freihändig fahrend überprüfe ich meinen Puls. Er entspricht dem einer gesundheitsbewussten Frau in den Dreißigern, Nichtraucherin, keine Kinder – und auch sonst nichts. Ich trete kräftig in die Pedale und nehme zur Kenntnis, dass ich mich erstaunlich gut fühle. Hellwach, ausgeruht, vital und ohne Kopfschmerzen. Fast möchte ich diesen Zustand genießen, doch mir bleibt bewusst, dass über drei Stunden meines Lebens im Dunkeln liegen. Und ich habe keinerlei Hinweis auf die verlorene Zeit – außer dem, dass ich zu Beginn dieser Lücke mein Fahrrad nicht abgeschlossen habe. Ich denke nach.

Es gibt Fälle von zeitweiliger Amnesie. Die kann sowohl organische als auch psychische Ursachen haben. Bei mir ist sie wahrscheinlich organischer Natur. Vielleicht habe ich drei Stunden träumend in irgendeinem Café gesessen. Ich prüfe meinen Magen. Er fühlt sich ziemlich leer an. Was mich nicht erstaunt, denn wenn all das real ist, habe ich seit heute Morgen um neun Uhr, also seit sechs Stunden, nichts mehr gegessen. Wieder ein Hinweis auf eine mögliche Ohnmacht? Vielleicht bin ich überfallen worden? Das wäre eine logische Erklärung. Voller Hoffnung taste ich meinen Kopf ab. Nichts. Aber das muss nichts heißen. Eine Epilepsie vielleicht?

Ich erreiche mein Zuhause, einen schönen renovierten Altbau in einer ruhigen und grünen Nebenstraße. Ich bewohne das Dachgeschoss. »Sei ehrlich zu dir. Du versuchst seit fünf Jahren erfolglos, dies zu deinem Zuhause zu machen.« Ich stelle mein Fahrrad ab. Spreche ich eigentlich neuerdings häufiger mit mir selbst?

Ich bemerke, dass es mir erstaunlich gut geht und dass ich nach dieser kurzen Radfahrt meine dramatische Situation mit ziemlicher Gelassenheit betrachten kann. Dann fällt mir wieder das Krankenhaus ein, und schon beginnen meine Hände aufs Neue zu zittern.

»Ich stehe hier träumend unter dem Carport, und der Kollege hat keine Ablösung. Niemand weiß, was mit mir los ist«, schimpfe ich. »Aber ich weiß es ja selbst nicht!« Meine Stimme bricht. »Wahrscheinlich bin ich ein schwer kranker Mensch. Psychisch oder organisch schwer krank.« Ich beginne zu heulen. Mir fällt der Fahrradschlüssel aus der Hand. Er landet klimpernd auf dem Asphalt. Ich greife danach und entdecke an meinem Zeigefinger ein frisches weißes Pflaster, das heute Vormittag um halb elf noch nicht da war.

Der Telefonhörer klemmt mir zwischen Schulter und Ohr.

»Ja«, hauche ich mit schwacher Stimme und starre auf den bepflasterten Zeigefinger. »Du weißt doch, dieses Virus. Ich kann gar nichts. Aber ich denke, ich komme morgen wieder … Ja, ich schaffe das schon. Ich komme dann morgen zur Spätschicht … Ja, ich weiß, viel trinken. Du, ich muss jetzt Schluss machen. Es geht schon wieder los … Ja, danke, tschüss.«

Ohne den Blick von meinem Zeigefinger zu wenden, lege ich das Telefon beiseite. Ich beiße mir auf die Lippe und denke angestrengt nach. Was war heute Morgen? Habe ich mich bei irgendeiner nebensächlichen Handlung verletzt? Habe ich vielleicht, noch im Halbschlaf, ein Pflaster aus dem Badezimmerschrank genommen und auf den Finger geklebt? Ich durchforste meine Erinnerung. Meine morgendliche Aufstehzeremonie läuft wie ein Film vor meinem geistigen Auge ab: Der Wecker piept. Ich integriere das Piepen fest in meinen Traum, schrecke dann aber nach einer Minute doch noch auf. Ich starre ein Weilchen an die Decke, fange wieder an zu träumen und stehe dann plötzlich und abrupt auf, was für meinen Körper wie ein kleiner Schock ist. Mein Kreislauf macht nicht mehr mit, ich wanke ins Bad, gehe aufs Klo, starre an die Wand und gerate schon wieder ins Träumen. Ich quäle mich wieder hoch, wasche meine Hände, mache mich auf den Weg in die Küche, setze Teewasser auf, gehe zurück ins Bad und dusche. So weit keine Lücke in meiner Erinnerung. Und nach dem Duschen? Ich trockne mich ab, verzichte auf das Eincremen, ziehe mich an und frühstücke. Weder habe ich mich rasiert noch an meinen Haaren herumgeschnitten. Zum Frühstück gab es Müsli. Ich hatte kein Messer in der Hand. Ich habe mir die Zähne geputzt, die Haare frisiert, meinen Mantel angezogen, nach meiner Tasche gegriffen und das Haus verlassen. Ich habe kein Pflaster benutzt.

Ich springe aus meinem Sessel und renne ins Bad. Hektisch öffne ich die Badezimmerschranktür und krame zwischen Gesichtsmasken und Wattestäbchen nach der Pflasterpackung. Meine Finger zittern schon wieder, als ich ein Pflaster aus der Packung ziehe. Es ist hautfarben mit weißen Punkten. Ich vergleiche es mit dem an meinem Finger, obwohl ich das eigentlich schon nicht mehr brauche.

Ich sacke ein wenig in mich zusammen und trotte wieder ins Wohnzimmer. Ich falle in meinen Sessel, atme tief durch und reiße mir entschlossen das Pflaster vom Finger. Eine Schnittwunde. Nicht sehr tief. Sie hat nur ganz leicht nachgeblutet. Ich seufze.

Ich habe drei Stunden meines Lebens verloren, eine geheimnisvolle Schnittwunde an meinem Finger, die offensichtlich von jemand völlig Fremdem versorgt wurde, und meinen langjährigen Kollegen angelogen.

Meine Situation wird nicht besser. Ich starre an die Wand. Mir ist nicht gut. Ich fühle mich todkrank. Mir gefiel mein Leben schon vorher nicht. Jetzt gefällt es mir noch weniger. Vorher wusste ich zumindest noch, wer ich war. Jetzt weiß ich es nicht mehr. Jetzt gibt es da etwas Dunkles in mir. Ich fühle, dass ich nicht mehr in Ordnung bin, eher in ziemlicher Unordnung, nichts ist mehr, wie es war. Es kommt mir vor, als ob mein Leben heute Morgen um halb elf zugeschlagen wurde, wie ein Buch. Und als ob ich drei Stunden später ein neues aufgeschlagen habe, wie ein völlig neues, anderes Leben, nur mit einer Zeitlücke dazwischen. Und wer bin ich jetzt? Etwas in mir sträubt sich vehement dagegen, mein neues Leben gleich in einer psychiatrischen Klinik zu beginnen.

»Ich bin schon vorher nicht in Ordnung gewesen«, sage ich zu mir selbst. »Und ich hatte auch schon vorher etwas Dunkles in mir. Wer ich wirklich bin, wusste ich auch vor dieser Amnesie nicht so genau. Also hat sich an meinem Zustand eigentlich nicht viel verändert, außer dass mir drei Stunden fehlen. Und wenn ich genau überlege, gibt es in meiner Vergangenheit viele Stunden, Wochen, ja mitunter Jahre, an die ich mich nicht mehr erinnere. Lege ich diese drei Stunden doch einfach dazu und gut ist. Ich brauche wahrscheinlich nur eine Auszeit. Und die nehme ich mir jetzt. Ich werde mal wieder so richtig ausschlafen, ein Hausmittel, das jeder Arzt zuerst empfiehlt. Es hilft immer und bei allem.«

Ich beruhige mich. Etwas misstrauisch schaue ich auf die Uhr. Es ist gleich fünf.

Ich stehe auf und koche mir etwas zu essen, Spaghetti mit Austernpilzsauce. Es schmeckt mir so gut wie nie zuvor. Ich genieße mein Essen ganz in Ruhe. Ein ungewohnter Zustand für mich. Ich glaube, ich habe noch nie jeden einzelnen Bissen so bewusst gegessen wie in diesem Moment. Ich schmecke jedes Gewürz heraus, ich registriere, dass ich lange und gründlich kaue, schließlich schlucke und das Essen meine Kehle hinunterrutscht bis in den Magen, wo es, so scheint es mir, mit großer Freude aufgenommen wird. Ich brühe mir noch einen Kräutertee auf, dann lege ich mich auf das Sofa.

Ich fühle mich entspannt und geborgen. Ich fühle mich wie damals, als ich klein war, und wie ich, wenn ich krank war, von meiner Mutter mit meinem Lieblingsessen getröstet wurde. Ich durfte mich dann immer aufs Sofa im Wohnzimmer legen, eingepackt in zwei dicke Wolldecken und versorgt mit einem neuen Comic. Manchmal sogar mit einem kleinen Spielzeug, das aber nur bei besonders ernsthaften Erkrankungen wie Masern oder Ähnlichem von meiner Mutter gekauft wurde. Das ist allerdings auch so ziemlich die einzig angenehme Erinnerung an meine Kindheit.

Dieses schwarze Loch – ich wage es fast gar nicht zu denken – dieses schwarze Loch verschafft mir soeben die glücklichste Stunde seit … Ich weiß gar nicht, seit wann.

Ich bin eingeschlafen. Als ich aufwache ist, es halb sieben. Ich habe zwölf Stunden geschlafen. Ich zögere. Habe ich wirklich nur geschlafen, oder war ich womöglich wieder …? Ja, was denn eigentlich? Auf jeden Fall hatte ich einen Traum. Ein Krankenhaus brannte, Menschen flohen schreiend ins Freie. Und ich stand nur dabei und schaute. Das Feuer wütete weiter über die ganze Stadt, überall herrschte Chaos. Ich hörte Weinen, Rufen und lautes Klagen. Zum Schluss brannte auch meine Wohnung lichterloh. Alles brannte. Das Krankenhaus, meine Wohnung, die Stadt, meine Arbeit, mein Zuhause, mein Leben. Und ich stand nur dabei und schaute zu. Und war … froh. Meine Güte!

Ich nehme eine Dusche. Die Schnittwunde brennt leicht, als sie mit dem Shampoo in Berührung kommt. Ich beschließe, nachher, bevor ich ins Krankenhaus gehe, einen befreundeten Neurologen anzurufen. Ich werde ihn erst mal ganz unverbindlich fragen, was er über zeitweilige Amnesie weiß. Vielleicht bringt mich das weiter. Ansonsten, und diese Entscheidung stimmt mich froh, werde ich mein Leben und meinen Alltag vorläufig so weitergestalten wie bisher. Einmal ist schließlich keinmal. Und zum Vergleich: Wenn ich einmal kräftig huste, renne ich auch nicht gleich los und lasse meine Lunge röntgen.

Ich koche mir einen starken Kaffee und setze mich an den Küchentisch. Es ist neun Uhr. Ich habe jede Menge Zeit für ein gemütliches Frühstück. Die kleine Auszeit hat mir wirklich gutgetan. Ich fühle mich heute Morgen unglaublich fit und vital. Diese Sache gestern … ich sollte sie nicht überbewerten. Schuld war wahrscheinlich mein beruflicher Dauerstress.

Ich beiße mit großem Appetit in mein Brötchen, da klingelt plötzlich das Telefon. Ich würge den Bissen herunter und nehme ab. »Hallo«, sage ich.

»Ja, guten Morgen, Frau Janusz«, höre ich eine freundliche Frauenstimme am anderen Ende der Leitung sagen. »Sommer hier. Entschuldigen Sie bitte die frühe Störung, aber es gibt da ein kleines Problem mit Ihrer Kontonummer.«

»Mit meiner Kontonummer?« Ich bin erstaunt. »Wer ist da überhaupt?«

Die Frau am Telefon lacht etwas unsicher. »Sommer, vom Reisebüro Sommer. Sie waren doch gestern Vormittag kurz bei uns und haben offensichtlich aus Versehen einen Zahlendreher in Ihre Kontonummer eingebaut. Jedenfalls konnten wir den Betrag nicht abbuchen.«

Ich lasse den Hörer fallen, als wäre er ein glühendes Stück Metall. Er poltert zu Boden und bleibt neben meinem linken Fuß liegen. Einen Moment lange starre ich ihn nur an. Dann bücke ich mich und hebe ihn langsam wieder auf.

»Hallo«, sage ich und habe die große Hoffnung, dass das alles nur ein schrecklicher Irrtum ist.

»Hallo Frau Janusz. Ist alles in Ordnung bei Ihnen?«, fragt mich die freundliche Frau Sommer besorgt.

Für einen kurzen Augenblick überkommt mich das Verlangen, der netten Dame alles zu erzählen, doch ich reiße mich zusammen. »Ja, es ist alles in bester Ordnung«, lüge ich. »Mir ist nur gerade versehentlich der Hörer aus der Hand gefallen.« Ich muss mich mehrfach räuspern, bevor ich in der Lage bin, weiterzusprechen. »Ähem … Ähm … Ja … Ich war gestern Vormittag kurz bei Ihnen, und nun gibt es … ein Problem?«

»Ja, aber nichts Gravierendes. Vielleicht könnten Sie mir noch mal eben Ihre Kontonummer durchgeben, um sie abzugleichen.«

»Aber selbstverständlich. Ich war wahrscheinlich gestern etwas aufgeregt wegen der Buchung und habe mich deshalb vertan.« Ich nenne Frau Sommer meine Kontonummer mit völlig sicherer Stimme, während mein Herz vor Aufregung rast. Ich bin also gestern im Reisebüro gewesen. Ich habe bei Frau Sommer gesessen, mit ihr geredet – offensichtlich wie ein ganz normaler Mensch – und irgendeine Reise gebucht. Doch ich kann mich an nichts erinnern! Schweißperlen sammeln sich auf meiner Stirn. Panisch warte ich darauf, dass Frau Sommer weiterspricht.

»Da haben wir es schon«, sagt sie fröhlich. »Die letzten beiden Zahlen waren vertauscht. Das kann natürlich mal passieren. So eine Reise zu buchen ist ja auch etwas Aufregendes. Obwohl man Ihnen das gestern überhaupt nicht angemerkt hat. Es wunderte mich sogar ein wenig, wie gelassen Sie waren, wenn ich das sagen darf. Als würden Sie jedes Wochenende dorthin reisen. Das kenne ich von vielen meiner Kunden ganz anders. Die hadern mit sich, sind furchtbar hektisch und aufgeregt. Sie haben Angst, irgendetwas Wichtiges zu vergessen. Na ja.«

»Tatsächlich?«, frage ich verblüfft. Ich zögere einen Moment. »Ich bin Ihnen gestern deswegen bestimmt ein wenig … na, wie soll ich sagen … merkwürdig vorgekommen, oder?« Ich lache betont locker ins Telefon.

»Ach nein, doch nicht merkwürdig. Ich fand es eher bemerkenswert, wie zielstrebig Sie mir sofort den Ort, an den es gehen soll, genannt haben. Ehrlich gesagt hatte ich eine so schnelle Fernreisebuchung in den fünfzehn Jahren, die ich das nun schon mache, noch nie. Aber eigentlich ist das ja richtig so. Sie wissen, was Sie wollen, und als Ärztin muss man seinen Urlaub ja spontan planen, nicht wahr? So, nun will ich Sie aber nicht länger aufhalten, Frau Janusz. Sie haben sicher noch viel vorzubereiten.«

»Einen Moment noch, Frau Sommer!«, rufe ich ein wenig zu laut ins Telefon. »Warten Sie, ich hab da noch eine Frage.«

»Ja?« Frau Sommer klingt überrascht.

Wie soll ich es anstellen?

»Ähm … Wie Sie sagen, war ich gestern sehr entschlossen und zielstrebig, allerdings bin ich dafür hinterher umso konfuser gewesen. Wissen Sie, ich weiß jetzt gar nicht mehr, wo ich meinen Buchungsbeleg hingesteckt habe … Deswegen fehlen mir nun die genauen Abflugzeiten … und so. Außerdem fliege ich demnächst auch noch mit einer Freundin nach Mallorca. Die Reise habe ich nicht bei Ihnen gebucht … vielmehr hat meine Freundin die Reise für uns gebucht. Nicht, dass ich da jetzt etwas durcheinanderbringe … Also, vielleicht können Sie mir noch mal eben schnell sagen, wann genau …?«

»Meine Güte, Frau Janusz, Sie haben ja was vor in nächster Zeit! Ich schaue mal schnell nach.« Ich höre, wie Frau Sommer den Hörer beiseitelegt und etwas in ihren Computer eintippt. Mein Herz, das sich zwischenzeitlich wieder etwas beruhigt hatte, beginnt aufs Neue hektisch zu schlagen, wie ein Vögelchen mit seinen Flügeln, als Frau Sommer das Telefon wieder geräuschvoll zur Hand nimmt. »Also, der Direktflug von Berlin Tegel, den Sie gebucht haben, geht um 20.42 Uhr und kommt um 7.25 Uhr in Ulan Bator an«, sagt sie.

Mir schwirrt der Kopf. Ulan Bator?

»Entschuldigen Sie bitte, Frau Sommer. Und können wir noch mal eben schnell den Tag abgleichen?«

Frau Sommer lacht herzhaft ins Telefon. »Nun machen Sie aber Scherze, Frau Janusz, oder? Sie waren wohl gestern doch abwesender, als es schien. Sie wollten den nächsten freien Flug nach Ulan Bator, und den habe ich Ihnen rausgesucht, am 23. Mai. Ich wünsche Ihnen eine gute Reise.«

»Danke«, sage ich fast tonlos und lege auf. 23. Mai … das ist … morgen!

An der Haustür klingelt es. Mit schwachem Schritt schleppe ich mich hin und öffne. Ein Kurier. Ich starre den netten jungen Mann mit seinen blauen Augen und seinem modischen Bärtchen an. Er hält mir einen Umschlag hin.

»Für Frau Janusz. Sind Sie das?«

Ich nicke, nehme den Umschlag und unterschreibe. Der junge Mann bedankt sich höflich. Ich schließe die Haustür. Dann werfe ich einen Blick auf den Absender.

Visaexpress. Ich ahne Schlimmes und reiße den Brief auf. Ein Visum, ausgestellt auf meinen Namen – für die Mongolei.

Ich rase zur Garderobe, reiße meine Handtasche vom Haken und hetze im selben Tempo zurück in die Küche. Dann schütte ich den ganzen Inhalt meiner Tasche auf den Tisch. Da liegen sie und fallen mir sofort ins Auge: Flugticket, Rechnung, Reiseinformationen und – ein abgerissener Zettel: »Guai Yaga«, steht darauf. Mehr nicht. Mit meiner eigenen Handschrift geschrieben. Aber wann?

Ich sitze auf meinem Küchenstuhl und starre auf die leere weiße Wand vor mir. In meinen Händen der Zettel mit diesen Worten. Ist es ein Name?

Was habe ich gestern nur alles in diesen knapp drei Stunden getan? Und vor allem, wer war dieses Ich, das das getan hat? Bin ich besessen? Schizophren?

Eines ist klar: Ich muss das tatsächlich selbst erledigt haben, wie das Gespräch mit Frau Sommer mir gezeigt hat. Ich oder zumindest das, was nach mir aussieht. Aber ich kann nicht ganz bei mir gewesen sein. Sonst würde ich mich doch an irgendetwas erinnern, oder? Auf Frau Sommer habe ich gestern einen völlig normalen Eindruck gemacht. Oder war das vielleicht doch nicht ich? Vielleicht eine Doppelgängerin? Ein mir unbekannter Zwilling?

Ich rekapituliere: Ich bin gestern also, allem Anschein nach, direkt vom Buchladen ins Reisebüro gegangen – kurz zuvor habe ich mein Gedächtnis verloren. Dann habe ich für 1 000 Euro den nächsten freien Direktflug in die Mongolei gebucht – und irgendwie (wahrscheinlich per Internet) beim Visaexpress, mit deftigem Aufpreis, ein Blitzvisum beantragt. Das kann sein. Meinen Reisepass bewahre ich immer in der Handtasche auf, damit ich ihn nicht verlege. Seit der Erneuerung meines Personalausweises fliegen auch ein paar Passfotos darin herum. Als Nächstes bin ich dann über den Marktplatz zurück zu meinem Fahrrad gegangen – kurz zuvor habe ich offensichtlich mein Gedächtnis wiedererlangt.

Aber wie komme ich zu diesem Zettel mit den merkwürdigen Worten? Guai Yaga? Und wer hat mir diesen Namen oder diese Worte genannt? Habe ich mit jemandem gesprochen? Und wenn ja, mit wem? Woher stammt die Schnittwunde an meinem Finger? Und was um Himmels willen habe ich mit der Mongolei zu tun? Ich weiß nicht mal genau, wo dieses Land liegt! Irgendwo bei China. Unter normalen Umständen hätte ich Florida gebucht oder Kanada, aber die Mongolei?

Gut. Ich schaue auf die Uhr: 9.42 Uhr. Meine Güte, allmählich beginne ich, eine Abneigung gegen die Zeit im Allgemeinen und Uhren im Speziellen zu entwickeln. Die ganze Angelegenheit ist alles in allem wirklich beängstigend. Ein einigermaßen verantwortungsbewusster Mensch würde sich spätestens jetzt in die Hände von Fachleuten begeben. So spricht die Ärztin in mir. Ich stehe auf und greife zum Telefon.

»Ja, hallo Stefan. Es tut mir leid, aber es gibt da eine schlimme familiäre Angelegenheit … Ja, ich muss zwei Wochen Urlaub nehmen. Es ist schrecklich. Mein Vater, er ist sehr krank … Ja, ganz plötzlich. Ich muss sofort nach Hause und ihn pflegen … Nein, es geht nicht anders … Nur ich … Hm, ja okay … Es tut mir wirklich leid. Ich hoffe, ihr schafft das ohne mich … Danke, ich melde mich dann wieder … Was? Welches Virus? … Ach so. Ja, das ist fast wieder weg. Davon merke ich gar nichts mehr, wegen all der Sorgen … Ja, danke, mach es gut.«

Ich lege auf und habe für zwei Sekunden ein schlechtes Gewissen. Ich habe meinen Vater seit acht Jahren nicht mehr gesehen oder gesprochen.

Ich setze mich wieder an meinen Küchentisch. Ja, die Sache ist ganz schön verworren: Reisebüro, Schnittwunde, Mongolei, Guai Yaga, Zeit verloren, mich verloren … Ich warte darauf, dass mich die Panik überfällt, dass ich restlos den Verstand verliere, aufspringe, durch die Wohnung rase, den Kopf gegen die Wand schlage – aber nichts dergleichen geschieht.

Ich nehme meine Teetasse in die Hand und leere sie in einem Zug. »So«, sage ich zu mir selbst. »Dann will ich mal packen.«

Das Flugzeug ist ungewöhnlich leer. Ich habe eine ganze Sitzreihe für mich allein. Ich sehe die Wolken unter mir und denke, dass ich nicht normal bin. Ich kann gar nicht normal sein. Ich werde in einigen Stunden in der Mongolei landen, ohne zu wissen, was ich da soll. Ich werde auf dem Flughafen in Ulan Bator herumstehen, während alle anderen Menschen ihre persönlichen Ziele verfolgen. Und ich werde dastehen und mich fragen, was ich hier soll. Was habe ich hier zu tun? Ich bin verrückt! So etwas tut doch kein normaler Mensch. Aber das bin ich ja auch seit vorgestern nicht mehr. Ich meine »normal«. Und das Schlimmste ist: Es fühlt sich gut an! Ich fühle mich gut dabei, so etwas Verrücktes zu tun. Ich bin mit dem, was ich da gerade tue, absolut einverstanden und fühle mich so sehr eins mit mir selbst wie nie zuvor in meinem Leben. Nein, das stimmt nicht ganz. Ich denke darüber nach, woher ich dieses Gefühl kenne. Und dann fällt es mir ein: Ich kenne es aus meiner Kindheit – und ich habe seit meinem achten Geburtstag nicht mehr so empfunden.

In meiner Hand halte ich den Zettel. Wenn ich mich nur erinnern könnte, wann ich das geschrieben habe und warum. Zettel und Stift stammen aus meinem Besitz, genau genommen aus meiner Handtasche. So viel erkenne ich. Aber diesen Namen – ich bin mir mittlerweile ziemlich sicher, dass es ein Name ist – kann ich mit nichts in Verbindung bringen. Wenn ich doch wüsste, was passiert ist. Ich werde plötzlich wütend wie ein Kind und schlage mit der Faust auf den leeren Sitz neben mir. Die Stewardess schaut mich prüfend an. Ich lächle und nicke ihr mit dem normalsten Gesichtsausdruck zu, der mir momentan zur Verfügung steht. Ich will nicht riskieren, dass sie meine Verrücktheit womöglich erkennt und mich bis zur Landung unter Beobachtung stellt. Das fehlte mir noch. Wer weiß, wie tolerant man in der Mongolei mit geistig Verwirrten umgeht? Ich muss mich zusammenreißen.

Ist das Russland dort unter uns? Es sieht so grau-grün aus. Ich erinnere mich an all die Jahre in der Schule, in denen ich die russische Sprache lernen musste. Ich beherrschte sie perfekt. Meine Eltern waren sehr stolz auf mich. Ihr Wunsch war, dass ich einmal in Moskau studieren würde. Dann kam etwas Größeres dazwischen, und ich habe stattdessen in Berlin studiert. Heute brauche ich die russische Sprache so gut wie gar nicht mehr. Vielleicht manchmal im Krankenhaus, wenn ältere russische Patienten eingeliefert werden, die der deutschen Sprache nicht ganz mächtig sind.

Ich schließe die Augen, um ein wenig zu dösen. Merkwürdig, ich bin so gelassen. Und entspannt. Ich habe seit meinem Gedächtnisverlust keine Kopfschmerzen mehr. Ich fühle mich körperlich fantastisch. Und auch psychisch gar nicht mal so schlecht. Ich fühle mich frei mit meiner kleinen Gedächtnislücke, dem seltsamen Zettel in der Hand und der ungewöhnlichen Situation, in der ich mich befinde. Ich freue mich, schon bald allein in der Mongolei zu sein, ohne zu wissen warum. Ja, ich fühle mich unsagbar frei. Mit jeder Sekunde entferne ich mich mehr von meinem Leben zu Hause in Deutschland. Was habe ich zu verlieren? Im Grunde gar nichts. Außer vielleicht meine Arbeit. Und wenn das so wäre? Na wenn schon! Dann würde ich eben meine Arbeit verlieren – und aufgrund dessen auch meine Wohnung. Dann würde ich eben, anstatt unglücklich in einer schicken hundert Quadratmeter großen Altbauwohnung zu leben, unglücklich in dreißig Quadratmetern Sozialbau wohnen. Na und? Was macht das schon für einen Unterschied? Für mich keinen. Ich bleibe dieselbe unausgefüllte Person, egal, was nach dieser Reise geschieht. Doch all das interessiert mich in diesem Moment gar nicht wirklich. Meine Gleichgültigkeit in Bezug auf mein Leben könnte auf andere beängstigend wirken. Doch ich bleibe davon unberührt. Das liegt daran, dass mein Leben derart leer und unausgefüllt ist, dass es mir manchmal wertlos erscheint. Und nun fliege ich in die Mongolei, unter den unmöglichsten Vorzeichen und Voraussetzungen, und bin zufrieden, ganz einfach deshalb, weil ich etwas Verrücktes tue, über dessen Folgen ich jetzt, in diesem Moment, nicht weiter nachdenken möchte.

Ich betrachte die anderen Mitreisenden im Flugzeug und frage mich, was sie wohl in die Mongolei führt. Es sind viele Deutsche unter ihnen. In erster Linie Geschäftsleute, so scheint es. Neben mir, auf der anderen Seite des Gangs, sehe ich eine ältere Dame. Sie schaut mich an und lächelt. Besser gesagt, sie versucht es. Ihr Blick ist fahrig und unruhig. Sie klammert sich mit den Händen an den Lehnen fest und atmet schnell ein und aus. Brustkorb und Schultern heben und senken sich krampfhaft in unregelmäßigen Abständen. Sie schaut erneut zu mir und lächelt mit zuckenden Mundwinkeln. Ich lächle zurück. Die Frau greift nach einer Illustrierten und blättert darin herum. Sie scheint sich auf keine Textpassage konzentrieren zu können. Dann hält sie plötzlich mit dem Blättern inne und starrt verloren in die Zeitschrift. Dabei sieht sie eher so aus, als horche sie in sich hinein. Ich behalte die Frau noch einen Moment im Blick, dann schließe ich die Augen und versuche, zu dösen.

Als ich die Augen wieder öffne, sehe ich, dass die Dame aufgestanden ist und sich in Richtung Toilette bewegt. Sie ist kreidebleich und atmet immer noch schnell. Ich werde unruhig. Und schon passiert es. Die Frau sackt zusammen, hält sich aber gerade noch mit beiden Händen an den Sitzreihen fest und schafft es irgendwie, in der Hocke sitzen zu bleiben. Sämtlichen Passagieren um sie herum entfährt ein Schreckenslaut. Ich springe auf, haste durch die Sitzreihen und rufe dabei: »Ich bin Ärztin. Bitte bewahren Sie Ruhe!« Noch bevor die Stewardess in der Nähe ist, habe ich nach der Hand der Frau gefasst und ihren Puls gefühlt. Von überall hört man beunruhigtes Gemurmel. Einige Passagiere sind aufgestanden und recken ihre Hälse. Ein paar Geschäftsleute verstecken ihre Köpfe ängstlich hinter ihren Börsenzeitungen. Das alles registriere ich ganz nebenbei, während ich feststelle, dass der Puls der Frau rast. Ich blicke auf und sehe, wie die ältere Dame mich mit großen Augen anschaut. Noch immer hockt sie, mit dem Rücken gegen eine Sitzbank gelehnt, im Gang. Sie lächelt mich kläglich an, hält meinen Blick fest, und dann spüre ich, wie ihr Puls allmählich ruhiger wird. Die Stewardess kniet sich zu uns und fragt besorgt, was sie tun kann. Ohne den Blick von der Frau zu wenden, sage ich, dass ich Ärztin bin und die Situation unter Kontrolle habe. Die Stewardess erhebt sich wieder und steht unschlüssig bei uns herum.

»Nehmen Sie irgendwelche Medikamente? Sind Sie herzkrank?«, frage ich.

»Nein«, sagt die Frau.

Ich wende mich kurz der Stewardess zu. »Holen Sie bitte ein Glas Wasser.« Dann höre ich, wie die ältere Frau langsam sagt: »Würden … Sie mir … einen Gefallen tun?«

Ich schaue sie an. Wieder ist da ihr intensiver Blick. »Könnten Sie vielleicht meine Hand halten?«

Ihr Wunsch verwirrt mich, aber ich nicke. Es fällt mir schwer, nicht länger ihren Puls zu kontrollieren und stattdessen ihre Hand in die meine zu nehmen.

Die Stewardess kommt mit dem Wasser. Ich signalisiere ihr mit einem kurzen Nicken, dass sie es abstellen soll.

Die Hand der Frau ist kalt und feucht. Meine ist warm. Ich spüre ein deutliches Kribbeln in meiner Handfläche. So, als würde meine Energie zu ihr hinübergezogen. Die Frau entspannt sich sichtlich, und ihr Gesicht bekommt langsam wieder Farbe. Sie lächelt mich dankbar an. Und ihr Blick taucht wieder tief hinein in meinen und hält sich an ihm fest. Um ihre Mundwinkel liegt ein trauriger, ja schwermütiger Zug, und ihre hellblauen Augen verraten eine große Verletzbarkeit. Das berührt mich. Das berührt mich so sehr, dass ich irritiert bin. Diese ganze Situation ist so seltsam und so völlig neu für mich. Ich bin es nicht gewohnt, eine solche Nähe zu Patienten zu haben. Alles muss immer ganz schnell gehen. Ich berühre fremde Körper, um sie zu heilen, ja, aber nie sehe ich den Menschen oder die Persönlichkeit dabei. Nie sehe ich ihnen so in die Augen, dass ich den Ausdruck darin verstehe. Oder vielmehr: die Offenbarung.

»Danke«, sagt sie leise. »Sie helfen mir mehr, als Sie glauben. Wie ist Ihr Name, wenn ich Sie das fragen darf?«

»Nida Janusz.« Ich spüre, wie die Hand der Frau langsam wärmer wird. »Seit wann haben Sie das? Ich meine, die Angstattacken?«

Sie senkt ihren Blick für einen kurzen Moment. »Seit dreißig Jahren vielleicht.« Dann lächelt sie wieder. Ein tapferes Lächeln. »Mal ist es ein paar Jahre gut, und dann ist sie plötzlich wieder da, die Angst. Wie eine alte ungeliebte Bekannte. Ich habe gelernt, damit zu leben.«

Ich streichle ihre Hand, und wieder schauen wir uns in die Augen. Ich bin voller Mitgefühl für diese Frau. In meinem Brustkorb dehnt sich ein Gefühl von Wärme und Glück aus, doch auch ein wenig Schmerz. Es ist schwer zu beschreiben. Fast möchte ich weinen, obwohl ich gar nicht traurig bin. Jetzt weiß ich, was das Gefühl bedeutet: Es ist … Liebe! In diesem Moment liebe ich die fremde alte Frau, deren Hand ich halte. Und das verwirrt mich mehr, als ich mir eingestehen mag. Es ist eine allumfassende Liebe, tief aus meinem Innersten. Seltsam.

»Wollen wir aufstehen und zurück zu Ihrem Platz gehen?«, frage ich.

»Ja.«

Ich helfe der Frau auf. Dann bewegen wir uns beide langsam hinüber zu ihrem Sitzplatz.

»Ich danke Ihnen«, sagt sie und setzt sich.

»Das habe ich gern getan. Wenn etwas sein sollte: Ich sitze gleich da drüben. Versuchen Sie, ruhig zu atmen, auch wenn es schwerfällt, aber das wissen Sie bestimmt.«

»Ja, ich weiß. Es ist wegen des Hyperventilierens. Es ist sehr nett von Ihnen, Nida Janusz, dass Sie mir helfen. Es geht mir jetzt besser. Ich glaube, meine alte Bekannte gestattet mir vorerst für einige Zeit Ruhe. Sie haben mir wirklich sehr geholfen. Sie sind eine gute Ärztin.« Die Dame schenkt mir noch einen warmen Blick aus ihren wässrig-blauen Augen.

»Danke«, sage ich und lege meine Hand auf ihre Schulter. Die Frau streichelt mir über den Handrücken und sagt: »Gute Reise, Nida, und viel Glück bei dem, was Sie vorhaben.«

Ich nicke. Dann suche ich meinen Platz auf.

Wir landen pünktlich und sicher. Ich habe es nicht eilig, aus dem Flugzeug zu kommen. Ich habe es auch nicht eilig, die Passkontrolle hinter mich zu bringen und mein Gepäckstück an mich zu nehmen. Vor allem habe ich es nicht eilig, den Flughafen zu verlassen. Im Gegenteil. Ich halte mich dezent zurück und lasse anderen den Vortritt. Durch meine Langsamkeit wirke ich wie ein Fremdkörper auf diesem Flughafen. Die Menschen um mich herum lachen und winken. Sie werden abgeholt oder verlassen zielstrebig das Gebäude. Ich hingegen warte erst mal. Die ältere Dame aus dem Flugzeug – mir fällt auf, dass ich sie gar nicht nach ihrem Namen gefragt habe – wird von einer mongolischen (ebenfalls älteren) Dame abgeholt. Die beiden Frauen lachen herzlich und umarmen sich mehrfach. Ich verspüre den zaghaften Wunsch, mich ihnen anzuschließen. In diesem Moment dreht sich die Frau aus dem Flugzeug um und schaut mich mit strahlenden Augen an. Sie winkt mir zum Abschied zu, und ich winke ebenfalls lachend, aber nicht ganz so strahlend zurück. Dann verschwindet auch meine einzige »Bekannte« langsam aus meinem Blickfeld. Was nun?

Ich stehe im Flughafengebäude von Ulan Bator und atme erst mal tief durch. Eine Schnapsidee ist das Ganze! Ich taste unruhig nach dem Griff meines Rollkoffers. Es beruhigt mich nicht. Ich fühle mich einsam. Kindlich, ängstlich, allein gelassen, irgendwo mitten in einer fremden Welt. Und das Schlimmste: Die Gefühle sind begründet. Ich schaue auf die Uhr. Es ist 7.55 Uhr. Das stimmt zumindest. Ich beruhige mich. Seit diesem, ich nenne es mal »Vorfall« in der Stadt, sehe ich ständig auf die Uhr und fühle mich sofort besser, wenn die Zeit stimmt. Es hat seitdem auch keine zeitlichen Ungereimtheiten mehr in meinem Leben gegeben. In meinem neuen Leben. Das ist allerdings auch erst drei Tage alt. Aber immerhin gibt es keine Abweichungen mehr, nicht mal um fünf Minuten. Ich gehe entschlossen durch die Flughafentür nach draußen.

Ulan Bator, die Hauptstadt der Mongolei, empfängt mich. Es ist warm und staubig. Die Luft ist schlecht. Die Straßen sind überfüllt von wegfahrenden Autos. In der Ferne erkenne ich das Zentrum der Stadt. Eine Dunstglocke hängt darüber. Ich sehe Maschendrahtzäune und Reklamewände, dahinter liegt eine Jurtensiedlung. Ungefähr zwanzig oder dreißig schmuddelige weiße, runde Zelthäuser sammeln sich auf einem dürftigen Grundstück, das umgeben ist von Bretterverschlägen. Mein Brustkorb fühlt sich eng an. Wo bin ich? Mir wird schwindlig. Diese Luft kann ich kaum ertragen! Und über allem liegt dieses schwermütige Jammern, das in meinen Ohren so widerhallt, dass mir noch schwindliger wird. Ich lehne mich an einen Laternenpfahl und erkenne mit verschwommenem Blick einen alten Mongolen, der auf der anderen Straßenseite sitzt und mit einer Pferdekopfgeige diesen schrägen, jammernden Ton erzeugt, der mich gerade zu Boden zieht. Als der alte Mann nun auch noch einen kehlköpfigen Gesang anstimmt, welcher der Sentimentalität seiner Geige in nichts nachsteht, eile ich zurück in das Flughafengebäude. Hier ist es vergleichsweise still. Ich finde ein Taschentuch in meiner Jacke und trockne mir die vom Staub tränenden Augen. Ulan Bator hat mich voll erwischt.

»Frau Janusz?«, höre ich eine Stimme hinter mir.

Ich fahre erschreckt herum. Habe ich Halluzinationen? Wie kann jemand an diesem Ort meinen Namen kennen? Ich bin wahnsinniger, als ich dachte.

»Entschuldigen Sie bitte, aber sind Sie Frau Janusz aus Deutschland?«

Ich blicke verwirrt in das sympathische Gesicht eines jungen Mongolen. Sofort bin ich glücklich. So glücklich, als würde ein Engel vor mir stehen. Alles ist gut; alles ist echt. Die Stimme ist echt. Sie kommt aus der realen Welt, gehört zu einem äußerst realen jungen Mann.

»Ja, das bin ich.« Und während ich das mit einem Lächeln sage, gefriert es mir auch schon den Bruchteil einer Sekunde später auf den Lippen. Wieso kennt dieser Kerl meinen Namen? Ich schaue ihn misstrauisch an. Er ist etwas kleiner als ich und trägt sportliche, westlich-moderne Kleidung. Ich schätze sein Alter auf höchstens vierundzwanzig.

»Meine Name ist«, und jetzt verbeugt er sich vor mir, »Ganbat.« Er richtet sich wieder auf und reicht mir die Hand. Zögerlich strecke ich ihm auch meine entgegen. Der junge Mann lacht zufrieden und sagt: »Gut.« Er will nach meinem Koffer greifen.

»Moment!«, schreie ich und kralle mich mit beiden Händen an das Einzige, was ich aus meinem alten Leben in dieser Welt besitze.

Das Flughafenpersonal beobachtet uns besorgt.

Ganbat starrt mich zutiefst erschrocken an. Seine dunkle Haut wird erst blassgelblich und dann rot. »Verzeihung, ich wollte nicht … Ich dachte …«, stammelt er.

Ich besinne mich langsam wieder, lächle dem Flughafenpersonal beruhigend zu und frage den jungen Mongolen, der, durch diesen Vorfall völlig durcheinander, vor mir steht: »Wer sind Sie?«

»Ich bin Ganbat«, sagt er mit kleinlauter Stimme und verbeugt sich nochmals vor mir.

»Ja«, antworte ich streng. »Ihren Namen habe ich mir gemerkt. Aber wer sind Sie?«

»Ich bin …«, er schaut mich ängstlich und irritiert an, als hätte er große Furcht davor, das Falsche zu sagen. »Äh, was genau möchten Sie von mir wissen?«

»Na, was Sie von mir wollen«, helfe ich ihm weiter. »Und wieso Sie meinen Namen kennen. Und warum, um Himmels willen, sprechen Sie überhaupt so gut Deutsch?«

Ganbats Miene heitert sich etwas auf. »Aber ich bin doch als Ihr Fahrer engagiert«, sagt er. »Und als Ihr Dolmetscher. Deswegen kenne ich natürlich auch Ihren Namen. Es ist mein Auftrag, Sie hier abzuholen und zu fahren.«

Ich staune ihn mit offenem Mund an. Nun werde ich zuerst blass, dann rot. »Und wohin sollen Sie mich fahren?«, frage ich mit kratziger Stimme.

»Na, zu Guai Yaga.«

Ich beobachte, wie Ganbat meinen Koffer auf die Rückbank des klapprigen Geländewagens hievt.

»Man hat Sie also engagiert, mich zu fahren?«, frage ich möglichst beiläufig, kann aber mein Misstrauen nicht ganz verbergen. »Und wer war das?«

Ganbat taucht wieder von der Rückbank auf und schlägt die Tür zu. Dann schaut er mich schon wieder so hilflos und irritiert an, dass ich mich fühle, als hätte ich ihm eine zu persönliche Frage gestellt.

»Moment«, in seinem Kopf scheint es zu arbeiten. »Sie wollen wissen, wer mich beauftragt hat?« Er mustert mich mit forschendem Blick. Um seine Mundwinkel herum breitet sich langsam ein Lächeln aus. »Ach so«, sagt er schließlich gut gelaunt. »Das ist wieder dieser komische deutsche Humor.« Ganbat lacht höflich. »Jetzt verstehe ich: Sie fragen mich, wer mich gebucht hat. Ach so. Ja, deutscher Humor, das ist das Schwierigste, was ich während meines Germanistikstudiums an der Uni in Stuttgart zu lernen habe. Wie oft bin ich schon darauf reingefallen.« Er öffnet die Beifahrertür und bedeutet mir, einzusteigen. »Sehr gut. Das ist witzig.« Er lacht noch immer aus reiner Höflichkeit, dann steigt auch er ein und startet den Motor. Ich stehe unschlüssig vor der einladend geöffneten Tür. Kann ich diesem jungen Mann wirklich trauen?

»Kommen Sie, Frau Janusz«, ruft er fröhlich aus dem Wageninneren. »Wir müssen los.«

»Gibt es eigentlich noch etwas in meinem Leben, was ich verstehe?«, frage ich mich und springe zu diesem jungen Germanistikstudenten ins Auto. Ich fange langsam an, mich daran zu gewöhnen, dass nichts mehr einen Sinn für mich macht. Alles um mich herum ist ein großes Rätsel. Die einzige Möglichkeit, wieder Ordnung in mein Leben zu bringen, scheint zu sein, mich vertrauensvoll hinzugeben, mich leiten zu lassen. »Habe Vertrauen«, denke ich. Auch wenn der Verstand eines jeden anderen Menschen Alarm schlagen würde. Ich suche in dem rostigen Geländewagen nach dem Anschnallgurt. Es gibt keinen, stelle ich fest. Na gut. Ich seufze, stecke mir ein Kaugummi in den Mund und stütze mich mit dem rechten Fuß fest an der staubigen Ablage ab.

Ganbat, mein Fahrer und Dolmetscher, bemerkt es und grinst. Der Geländewagen macht zwei ruckende Sprünge, und schon sind wir mitten im stockenden Verkehr in Richtung des Zentrums der mongolischen Hauptstadt.

Vor uns erheben sich Plattenbauten und Betonklötze. In der Jurtensiedlung, die wir gerade passieren, steht ein Wasserwagen. Frauen in traditioneller Kleidung schleppen das Wasser in Eimern davon. Ein glänzend schwarzer Geländewagen überholt uns und versperrt mir die Sicht.

Die Stadt ist voll und laut. Neonröhren leuchten an Häuserwänden, an denen dick der Ruß der Heizkraftwerke klebt. Unter Reklametafeln, die mir bekannte Produkte anpreisen, eilen junge Menschen im westlich-modernen Outfit ihres Weges, und dazwischen gehen immer wieder Mongolen in traditionellen knielangen Kutten. Ich erkenne Internetcafés, Bars, bunt bemalte Läden und daneben plötzlich ein buddhistisches Kloster. Diese Stadt ist mindestens genauso verrückt wie ich, stelle ich verwundert fest. In der Ferne entdecke ich Jurten mit Satellitenschüsseln.

»In Ulan Bator lebt mehr als ein Drittel aller Mongolen«, erzählt Ganbat fröhlich und drückt kräftig auf die Hupe, als ihm ein Wagen die Vorfahrt nimmt. »Diese Neureichen«, nuschelt er kopfschüttelnd.

Ich fliege kurz von meinem Sitz hoch, als wir durch ein großes Loch im Asphalt fahren.

»Das sind fast eine Million Einwohner.« Ganbat biegt in eine namenlose schotterige Straße ab.

»Leben Sie hier in Ulan Bator, Ganbat?«, frage ich.

»Nein.« Ganbats rundes Gesicht strahlt. »Meine Eltern sind Nomaden. Wir züchten Pferde. Das war schon immer so. Familientradition. Mein Vater ist sehr gut darin. Einige unserer Pferde sind sogar schon nach Deutschland exportiert worden.«

»Wirklich? Pferde …«, sage ich gedankenverloren und stelle mir Ganbats Nomadenleben in der Jurte vor.

»Ja«, sagt Ganbat stolz. »Wir haben die größte Herde in der Umgebung. Pferde sind das Wichtigste. Ihr Atem ist der Wind unseres Landes.« Er nimmt den Fuß vom Gas, während er das sagt. »Die Mongolei ist fünfmal so groß wie Deutschland, die Steppe ist weit und urwüchsig. Wenn ich in Stuttgart studiere, vermisse ich sie sehr.«

Ich weiß nicht, ob er damit die Pferde oder die Mongolei meint. Wahrscheinlich beides. Doch ich staune über die Worte dieses jungen Mannes, dem Heimat und Familie so viel zu bedeuten scheinen, mir hingegen absolut gar nichts.

Die Schotterpiste endet jäh. Ich erkenne noch vereinzelte Jurten hinter Bretterverschlägen, in denen die Ärmsten der Armen zu wohnen scheinen, dann tut sich vor uns grenzenloses Land auf. Der Himmel hängt tief über den grünblauen Bergen, und die Sonne taucht die Steppe in gelb leuchtendes Licht. Ich bin sprachlos über die Weite, die mir so still und erhaben vorkommt, so völlig unbeeindruckt von der Hektik der gerade zurückgelassenen Hauptstadt. Unser Geländewagen müht sich bei gleichbleibender Geschwindigkeit durch diese unbeschreibliche Weite. Wir bewegen uns, doch um uns herum scheint die Landschaft stillzustehen. Es ist, als würden wir durch ein Gemälde reisen. »Halte an«, rufe ich und steige aus, kaum dass die Räder stehen.

Ich schaue auf meine Füße und auf das schilfige Gras unter ihnen. Ich atme tief ein und aus, sodass sich vor meinen Augen die grünen Berge heben und senken. In diesem Moment berühre ich erstmals die mongolische Steppe. Oder sollte ich lieber sagen, sie berührt mich?

»Guai Yaga scheint wohl nicht direkt in Ulan Bator zu leben?«, frage ich und steige wieder ins Auto. Um meine Frage zu rechtfertigen, deute ich auf die holperige Straße, die vor uns liegt und irgendwo im Nichts zu enden scheint.

»Nein, natürlich nicht«, entgegnet Ganbat lachend. »Aber es ist nicht weit. Nur knapp achtzig Kilometer. In zwei oder drei Stunden sind wir da. Wir fahren jetzt als Erstes nach Terelj. Dort können Sie noch etwas einkaufen. Dann geht es weiter durch den Nationalpark, am Tuul Gol entlang. Gol heißt Fluss. Es wird Ihnen gefallen. Die Landschaft ist schön dort, am Tuul.«

»Aha.« Ich nicke ernst. Und plötzlich muss ich anfangen zu lachen. Ich lache über mich selbst und über die geistige Umnachtung, in der ich ganz offensichtlich eine Abenteuerreise in die mongolische Wildnis gebucht habe. »Das kann ich doch nicht wirklich selbst getan haben!«, stoße ich unter unkontrolliertem Lachen hervor. »Das hat doch jemand anders für mich getan.«

Ganbat schaut mich verwirrt an.

Ich erwidere seinen Blick und bemerke, dass mein Lachen leicht hysterisch klingt. Der arme Mann. Er muss denken, dass er es wirklich mit einer sehr verrückten deutschen Frau zu tun hat! »Wer oder was erwartet mich dort in der Einöde, Ganbat?«, frage ich in einem etwas schrillen Ton. »Erzählen Sie mir von …«, und nun senke ich meine Stimme geheimnisvoll, »Guai Yaga. Was erwartet mich dort Mysteriöses? Sagen Sie schon«, drängele ich, »denn vielleicht sind Sie der letzte Mensch, der mit mir Kontakt hat, bevor ich für immer in der Wildnis verschwinde. Man wird Sie später vielleicht nach mir und meinem Verbleib befragen.« Ich lache noch immer, dann schießt mir etwas durch den Kopf, und mein Lachen verebbt. »Sofern sich überhaupt jemand für meinen Verbleib interessiert«, entfährt es mir. Ich werde still und denke eine Zeit lang darüber nach, wer sich um mich sorgen könnte. »Doch!«, rufe ich dann triumphierend aus. »Mein Arbeitgeber wird nach mir suchen.« Ich strahle Ganbat an, der meinen Blick leicht verstört erwidert. »Das Krankenhaus braucht mich. Sie werden nicht so einfach akzeptieren, dass ich verschwunden bin.«

Ganbat ist blass geworden unter seiner dunkelbraunen Haut. Mein Gerede scheint ihn sehr aus der Bahn zu werfen. »Bitte, Frau Janusz. Hören Sie auf, so zu sprechen«, fleht er mich an. »Und Sie sollten schon gar nicht über Guai Yaga reden. Wenn man über jemand Bedeutenden spricht, ist das nicht gut.« Er sagt das mit einer solch ängstlichen Stimme, dass ich mit einem Mal wieder nüchtern bin.

»Also gut«, lenke ich ein. »Wir fahren also nach Terelj und dann weiter am Fluss Tuul entlang. Und nach ungefähr zwei oder drei Stunden sind wir endlich da, und das Geheimnis meines Lebens wird gelüftet. Heißt das, wir sind dann auch wirklich am endgültigen Ziel angekommen?«

Ganbat lächelt weise. »Wir sind am Ziel dieser Reise angekommen. Aber endgültig ankommen werden nur die wenigsten.«

»Also gut«, sage ich und krame nervös in meiner Handtasche nach den Kopfschmerztabletten. Wozu eigentlich? Ich schließe die Tasche wieder und werfe sie achtlos auf die Rückbank. Keine Kopfschmerzen mehr. Und das schon seit – vier Tagen.

In Terelj angekommen, hält Ganbat vor einem kleinen Laden an. »Der letzte, bevor man in die Wildnis des Nationalparks eintaucht«, erklärt er mir. Ich steige aus und überlege beunruhigt, was ich brauchen werde.

Ganbat hilft mir. »Sie werden Tabak kaufen müssen. Ich zeige Ihnen, welche Sorte. Und eine Pfeife. Am besten die teuerste, die Sie erhalten können.«

»Aber ich rauche nicht.«

Ganbat schaut mich lange an. In seinem Blick sehe ich die Frage, wie es sein kann, dass wir beide derselben Gattung Mensch angehören.

Ein kleiner runder Mongole in knielanger Kutte begrüßt uns freudestrahlend. Dann zeigt er mir seine Pfeifen. Ich muss bekennen, dass ich sie alle sehr hübsch finde. Ich wende mich an Ganbat, der inzwischen die richtige Tabaksorte für mich aussucht. »Sagen Sie dem Herrn doch bitte, dass er mir einfach die Beste geben soll.«

Ganbat sagt etwas auf Mongolisch, und mir wird eine rot-blau bemalte Pfeife präsentiert. Ich nicke dem alten Mongolen zu, und er verbeugt sich zum Dank für das gute Geschäft.

»Es gibt hier kaum Lebensmittel, Ganbat«, beklage ich mich. Mein Dolmetscher schaut mich erschrocken an. »Oh bitte«, sagt er, »kaufen Sie nur das und, wenn Sie wollen, noch ein paar Süßigkeiten. Auf keinen Fall dürfen Sie eigene Lebensmittel mit zu Guai Yaga nehmen.« Ganbat blickt sehr besorgt. »Ich denke, ich muss Ihnen noch viel erklären, bevor ich Sie zu Guai Yaga bringe.«

Nach einer Weile trete ich wieder hinaus ins Freie. In einer Hand eine Wasserflasche, in der anderen eine Papiertüte mit Pfeife, Tabak und ein paar Süßigkeiten. Außerdem, auf Anraten von Ganbat, eine große Packung Toilettenpapier.

Ich öffne die Flasche und leere sie in einem Zug fast bis zur Hälfte. Vor mir wartet eine endlos erscheinende Berglandschaft mit einigen wenigen Bäumen. Zwischen den Bergen schlängelt sich der Tuul Gol. Was oder wer auch immer mich am Ende der Reise erwartet, ich bin damit einverstanden, seit ich Ulan Bator hinter mir gelassen habe – nein, eigentlich schon von dem Moment an, als ich die Reise in die Mongolei antrat. Mein Leben ist in Bewegung gekommen, nichts steht mehr still. Ich verschwende kaum einen Gedanken an zu Hause. Ich lebe nur. Ich folge einer inneren Stimme. Meinem Verstand habe ich vorerst den Mund verboten. Soll er still sein, bis auf Weiteres. Ich drehe mich um und sehe, dass Ganbat aus dem Laden kommt. Ich lächle ihm ermutigend zu, was ihn scheinbar sein Vertrauen in mich wiederfinden lässt. Fröhlich pfeifend steigt er ins Auto. Ich werfe die Tüte mit den Dingen, von denen ich nicht weiß, wofür ich sie benötigen werde (außer natürlich dem Toilettenpapier), auf die Rückbank des Geländewagens und steige ebenfalls ein.

»Berühren Sie niemals die Zeltseile der Jurte«, erklärt mir Ganbat während der Fahrt. »Und treten Sie auch nicht auf die Türschwelle. Das alles bringt den Bewohnern Unglück. Frauen sitzen auf der linken Seite der Jurte, Männer auf der rechten. Der Gastgeber hat den Platz gegenüber dem Eingang. Es gibt auch noch Ehrenplätze für besondere Gäste. Wir werden sehen …«

Nach einiger Zeit des Bergauffahrens hält Ganbat plötzlich an einem riesigen Steinhaufen an. In seiner Mitte steckt ein Holzpfahl, wild geschmückt mit blauen Tüchern.

»Was ist?«, frage ich.

»Steigen Sie aus. Wir müssen ihn dreimal im Uhrzeigersinn umrunden.«

»Warum denn das jetzt?« Meine Stimme klingt angestrengt.

»Ich kann sonst nicht weiterfahren. Das wäre zu gefährlich.« Ganbat steigt aus dem Wagen und nähert sich dem Pfahl ehrfurchtsvoll. Still und in sich gekehrt legt er die Hände zusammen und begrüßt das eigenartige Steingebilde. Die Tücher flattern im Wind. Plastikmüll und anderer Unrat liegen ihm zu Füßen.

Ich seufze, steige ebenfalls aus und sehe, wie Ganbat dreimal andächtig um den Haufen spaziert.

»Jetzt Sie«, sagt er.

»Ich will nicht«, sage ich.

Ganbat schaut verzweifelt zum Himmel. »Dann können wir eben nicht weiter«, sagt er und ist den Tränen nahe.

Ich bleibe stur und warte ab.

»Sehen Sie«, erklärt mir mein Fahrer schließlich und atmet tief durch, »das ist ein Ovoo. Ein schamanisches Heiligtum, geschmückt in den Farben des Himmels. Wo immer man einem Ovoo begegnet, muss man ihn dreimal im Uhrzeigersinn umrunden, damit die Geister friedlich gestimmt sind. Und auch Sie müssen das tun, sonst ist unsere Weiterreise nicht geschützt. Ein Unglück könnte passieren.«

»Also gut, Herr Ganbat, wenn Ihnen so viel daran liegt, werde ich dieses Ding eben dreimal umkreisen. Ist dabei sonst noch irgendetwas zu beachten?«

Mein Fahrer und Dolmetscher ist erleichtert und schüttelt als Antwort den Kopf.

Ich tue also, wie von mir verlangt wird, und steige anschließend wortlos wieder in den Wagen. Die Mongolen sind seltsam.

Ganbat nimmt etwas aus seiner Hosentasche und legt es wie eine Opfergabe zu den Steinen. Dann dreht er sich um, geht einige

Schritte auf mich zu und bleibt plötzlich wie erstarrt stehen. »Sehen Sie«, sagt er leise und zeigt in eine bestimmte Richtung.

Ich erwarte nun die Erscheinung der friedlich gestimmten Geister und folge Ganbats Blick hinunter ins Tal. Und dann sehe ich die Pferde. Eine große Herde wild lebender mongolischer Ponys trabt über die grüne Steppe und verschwindet Augenblicke später hinter einer Anhöhe. Ganbat und ich verbleiben noch einige Zeit in regloser Starre. Doch die Herde kehrt nicht wieder zurück. Ich atme langsam aus und ziehe meinen Kopf zurück ins Wageninnere.

Ganbat steigt ein. Ich schaue ihn an. Er erwidert meinen Blick, und dann lachen wir glücklich und laut wie Kinder.

Kilometer um Kilometer folgen wir dem Tuul Gol. Mal berührt er den Weg, begleitet unsere Reise für einige Zeit, dann verschwindet er wieder hinter einer Felsformation, um kurze Zeit danach erneut aufzutauchen und uns einen Blick auf sein kristallklares Wasser zu gewähren. Eine ganze Zeit lang verfolge ich mit meinem Blick einen Eisvogel, der unserem Auto vorausfliegt. Er setzt sich an der Böschung nieder, ich verliere ihn aus den Augen und denke, er ist weg. Da blitzt sein blaues Gefieder plötzlich wieder auf, und er segelt in atemberaubendem Tempo dicht über der Wasseroberfläche und fliegt in scharfen Kurven zu irgendeiner Stelle am Ufer, wo er darauf zu warten scheint, das Spiel von Neuem zu beginnen. Ich bin wie verzaubert. Nach einiger Zeit verschwindet er endgültig aus meinem Blickfeld. Ich werde müde. Abwesend lasse ich diese erschreckend schöne, einsame Wildnis an mir vorbeiziehen. Erschreckend, weil ich außer meinem Fahrer Ganbat keinen anderen Menschen sehe. Mein Kopf leert sich. Ich denke nicht mehr nach, warte einfach auf das Ziel meiner Reise, auf Guai Yaga, das große Geheimnis.

Meter für Meter müht sich der Wagen voran, folgt etwas, was wie eine steinige Straße aussieht. Nach einer Biegung taucht der Tuul wieder vor uns auf. Ganbat hält. Er steigt aus und wäscht sich das Gesicht im eiskalten Wasser. Ich verschwinde kurz hinter den

Bäumen, dann tue ich es ihm gleich. Das Wasser ist wunderbar erfrischend. Dünne Rinnsale laufen mir Nacken und Brust hinunter. Ich spüre, wie mein Kopf klar wird. Mit einem Male bin ich wieder hellwach.

»Es ist nicht mehr weit«, erklärt Ganbat.

Ich nicke schweigend.

»Gleich hinter der nächsten Flussbiegung.«

Mir wird seltsam zumute.

»Fühlen Sie sich bereit, Guai Yaga zu begegnen?« Ganbat scheint meine Gefühlslage zu spüren. Etwas sorgenvoll beobachtet er mich.

Ich denke nach und tauche meine Unterarme in das kalte Wasser. Guai Yaga – das Wort, das ich auf dem Höhepunkt meiner geistigen Verwirrung notiert habe. Das große Ziel meines im dreistündigen Wahnsinn gefassten Entschlusses. Vielleicht würde ich gleich wissen, was an jenem Tag wirklich geschehen ist. Woher das Pflaster an meinem Finger stammt, weshalb ich ausgerechnet in die Mongolei geflogen bin, und wer Ganbat nun wirklich engagiert hat. Alles würde sich mir gleich eröffnen. Ich erhebe mich langsam. Von meinen Armen perlt das Wasser und tropft zu Boden. Ich betrachte meinen Zeigefinger. Die Wunde ist fast nicht mehr zu sehen.

»Ganbat, kennen Sie das Gefühl, Dinge zu tun und dabei gar nicht wirklich anwesend zu sein?«

Der junge Mann denkt nach. Dann schüttelt er den Kopf. »Nein, eigentlich nicht.«

»Okay, dann bin ich jetzt wohl bereit, Guai Yaga zu begegnen.«

Wir begeben uns auf das letzte Stück unserer Reise. Noch einmal verschwindet der Tuul Gol für einen kurzen Augenblick hinter einem Wäldchen, dann ist er wieder da. Hier ist sein Ufer wunderschön sanft und verläuft sich in der weiten Steppe. Ich sitze kerzengerade und bin hellwach. Ich sehe eine einsame Jurte stehen, nicht weit vom Fluss entfernt, dünne Rauchkringel steigen aus ihrem Abzugsrohr. In der Ferne liegt still ein kleines Wäldchen voller alter

Bäume – Eiben, Kiefern und Linden, soweit ich das erkennen kann. Daneben, wie ein stiller Bewacher, ruht ein hohes Steinplateau. Ich bin sprachlos, nie zuvor habe ich solch einen beeindruckenden Ort gesehen. Mein Herz beginnt zu klopfen.

Neben der Jurte, eingegrenzt von einem wackligen Holzzaun aus dünnen Ästen und Stämmen, grasen eine Ziege, ein Yak und eine kleine braune Stute mit ihrem Fohlen.

Der Wagen hält mit einem Ruck vor der Jurte.

»Gut«, sagt Ganbat und strahlt mich an. »Wir sind da.«

Ich steige aus. Meine Knie sind ein wenig weich. Ich nehme die Tüte von der Rückbank, Handtasche und Koffer lasse ich lieber im Wagen. Ich kann mir nicht vorstellen, dass ich lange hierbleiben werde. Die Ponystute schaut mich neugierig an, und ihr Fohlen tut es ihr gleich, wie ein verkleinertes Spiegelbild.

Ich rieche den Rauch des Feuers im Inneren der Jurte, die mit ihren weißen Zelttüchern, umspannt mit dicken Seilen, verschlossen aussieht. Wir nähern uns dem Eingang, der immer nach Süden weist, wie mir Ganbat leise erklärt. Ich nicke still und sehe die verzierte, rot bemalte Tür in der Mitte des Zelttuchs leuchten. Nicht auf die Schwelle treten, denke ich und versuche, mir auch die anderen Verhaltensregeln wieder in Erinnerung zu rufen. In dem Moment öffnet sich die rote Tür. Verdutzt bleibe ich stehen. Die Person, die vor mir steht, mustert mich aus schmalen schwarzen Augen. Kleine Schlitze, kaum zu erkennen, in einem runzlig-faltigen Gesicht. Die langen Haare grau, wirr, zu einem Zopf gebunden. Ein leuchtend roter Deel umhüllt ihren schmalen kleinen Körper. Vor mir steht … eine alte Frau. Das also ist Guai Yaga.

»Sain uu, Guai Yaga. Ta sain baina uu?«, fragt Ganbat.

Mein junger Fahrer verneigt sich mehrmals tief, um seine Ehrerbietung deutlich zum Ausdruck zu bringen.

»Sain uu, Ganbat«, antwortet Guai Yaga mit rauer, kehliger Stimme und richtet wieder den Blick auf mich.

»Das ist Nida«, stellt Ganbat mich auf Mongolisch vor.

Ganz langsam erhole ich mich von meiner Überraschung. Ich deute kurz so etwas wie eine Verbeugung an und reiche ihr schließlich sehr europäisch die Hand. Ganbat schaut entsetzt, doch Guai Yaga nimmt meine Hand nach kurzem Zögern und drückt sie fest und lange. Ihre ist warm, trocken und ein wenig schwielig. Mich durchfährt ein heißes Kribbeln, es läuft mir von den Handflächen den Arm hinauf. Erschrocken ziehe ich meine Hand zurück. Guai Yaga kichert. Ihr fehlt ein Schneidezahn. Ganbat lacht erfreut auf und scheint erleichtert, dass die Begrüßung einigermaßen gelungen ist. Die allgemein heitere Stimmung ermutigt auch mich, zu lachen.

Guai Yaga weist mich mithilfe von Gestik und Mimik an, als Erste die Jurte zu betreten. Ich zögere einen Moment, erinnere mich an Ganbats Verhaltensregeln und achte genauestens auf die Schwelle, damit der Bewohnerin der Jurte kein Unglück widerfährt. Dann orientiere ich mich und warte ab, welchen Platz man mir zuteilen wird.

Guai Yaga deutet Ganbat an, sich rechts neben die Tür zu setzen. Mir zeigt sie mit einer einladenden Handbewegung, dass der Platz links oben für mich vorgesehen ist. Das veranlasst Ganbat dazu, seinen Mund vor Staunen offen stehen zu lassen.

»Sonin yu tai ve?«, fragt Guai Yaga und schlurft zum eisernen Herd, der im Zentrum unter dem hölzernen Dachrad steht, das anscheinend auch als Luftöffnung dient. Sie füllt eine weiße, cremige und dampfende Flüssigkeit in kleine Schalen und schaut Ganbat erwartungsvoll an.

Ganbat erklärt mir, dass Guai Yaga zuerst wissen möchte, was es Neues gibt. Ich nicke und nehme die warme Schale aus Guai Yagas faltigen Händen entgegen.

»Suutei Tsai«, erklärt mir mein Dolmetscher, »mongolischer Milchtee, sehr lecker.« Meine Gastgeberin nickt mir freudestrahlend zu, um mich zu motivieren, einen großen Schluck zu kosten. Ich versuche, herzlich zurückzustrahlen, und nippe an dem Schälchen. Der Tee schmeckt leicht salzig. Die Milch könnte von einer Ziege stammen. Er schmeckt nicht schlecht. Ich nicke voller Begeisterung und zeige mit all meinen sprachlosen Möglichkeiten, dass mir dieses mongolische Getränk sehr zusagt. Meine beiden Beobachter scheinen hocherfreut zu sein. Dann wendet sich Ganbat Guai Yaga zu und beginnt, ausschweifend etwas auf Mongolisch zu erzählen. Die alte Frau setzt sich unterdessen, mit ihrem Teeschälchen in der Hand und interessiert lauschend, auf den thronähnlichen Holzstuhl gegenüber dem Eingang – direkt neben mich. Das bedeutet, dass der Holzstuhl, auf dem ich sitze, ein Ehrenplatz ist.

Nun bin ich also hier, denke ich. Das große Geheimnis, wegen dem ich meinen Kollegen belogen und viele tausend Kilometer weit in ein einsames Land gereist bin, ist eine alte mongolische Frau, die uns zum Tee einlädt, um ein bisschen darüber zu plauschen, was es Neues in der Welt gibt. Ich schüttele mit hochgezogenen Augenbrauen den Kopf, und sofort bricht das Gespräch ab. Zwei dunkle Augenpaare blicken mich besorgt an. Ich bedeute ihnen, dass nichts Besonderes mit mir los ist, und schüttele, um das zu unterstreichen, mein etwas zerzaustes Haar, wische mir mit den Händen über mein Gesicht, schneide eine entspannende Grimasse und trinke anschließend mit großem Genuss einen Schluck Tee. Ganbat und Guai Yaga lachen, prosten mir zu und nehmen ihr Gespräch über die Neuigkeiten in der Welt wieder auf. Ich betrachte nachdenklich die Einrichtung der sechswändigen Jurte. Der Fußboden besteht aus groben Holzbrettern und ist, außer um den Herd, mit vielen kleinen bunten Teppichen belegt. Die Wände bestehen aus hölzernen Scherengittern, über die auf der Außenseite dicke Lagen Wollfilz gespannt sind, und darüber wiederum ist weißes Zelttuch befestigt. Auf den filigranen Gittern ruhen Dachlatten, die in der Mitte zu einem Rad zusammenlaufen. Das Ganze wird mit Lederriemen und Steckverbindungen zusammengehalten. An den

Holzgittern hängen Haushaltsgeräte, farbenfrohe Tücher und bunte Webteppiche. Bunt bemalte und kunstvoll verzierte Holztruhen und Kommoden dienen als Möbel. In der Mitte steht, als wichtigster Einrichtungsgegenstand, der Herd, in dem das ewige Feuer brennt, das den Mongolen heilig ist, und in dem nie etwas Unreines wie Müll oder dergleichen verbrannt werden darf. Auch das hat mir Ganbat auf der Fahrt hierher genauestens eingeschärft. Zudem entdecke ich zwei Betten, die mit bestickten Kissen und schweren Wolldecken bedeckt sind.

»Ich habe Guai Yaga von den Anschlägen im Irak erzählt«, bezieht mich Ganbat plötzlich mit ein, »und von dem alten Berjigon, der letzte Woche gestorben ist. Außerdem habe ich ihr ein bisschen von meinem Studium in Stuttgart berichtet. Das interessiert sie immer sehr.«

»Ganbat«, unterbreche ich ihn, »was mache ich hier?«

»Sie trinken Tee«, sagt er.

»Nein, verdammt, was mache ich hier?« Meine Handbewegung ist so ausladend, dass ein wenig Milchtee auf meine Jeans schwappt.

»Ich verstehe Sie nicht.« Ganbats Augen sind groß und ängstlich auf mich gerichtet.

Ich stelle meine Schale auf das blaue Tischchen neben mir ab. »Ganbat«, höre ich mich laut und fast ein wenig hysterisch sagen, »erklären Sie mir, was ich hier mache, in diesem Land, in dieser Jurte, bei dieser …«, ich höre, wie jemand neben mir aufspringt. Guai Yaga steht plötzlich vor mir und schaut mich an. Ihre Augen haben sich noch weiter verengt und sind kaum mehr zu erkennen. Erschrocken blicke ich zu ihr hoch. Sie ergreift meine Hände und führt mich zu einem Stuhl, der vor einem schwarzen Wandteppich steht.

»Hinsetzen!«, befiehlt mir ihr Blick. Ergeben sinke ich auf den kleinen harten Stuhl und rühre mich nicht mehr. Guai Yaga setzt sich mir in ungefähr zwei Meter Abstand gegenüber. Dann beginnt Guai Yaga zu singen.

Ganbat ist ehrfurchtsvoll still. Ich fühle mich mit einem Male seltsam gut aufgehoben. Sie schaukelt leicht vor und zurück und stimmt dabei immer denselben Ton an. Ihre Augen sind geschlossen, und trotzdem scheint sie mich zu beobachten. Ihre Trance ist ansteckend. Ich werde müde, bin völlig entspannt. Abwesend lasse ich geschehen, was geschieht, und gebe mich diesem merkwürdigen Ritual der alten Frau hin.

Guai Yagas Gesang endet abrupt. Sie öffnet ihre Augen und schaut mich an. Ich bin wie erstarrt. Sie scheint durch mich hindurchzusehen. Mir ist das ein wenig unheimlich. Hilflos schaue ich zu Ganbat hinüber. Doch der beobachtet uns nur mit großen Augen und scheint dankbar dafür zu sein, diesem Schauspiel beiwohnen zu dürfen.

Dann ist der Zauber ganz plötzlich wieder vorbei. Guai Yaga betrachtet mich nicht länger, sondern schüttelt stattdessen besorgt den Kopf, während sie nur »uih, uih, uih« sagt. Sie erhebt sich seufzend, schlurft hinüber zu ihrem Thron, setzt sich, offensichtlich ein wenig erschöpft, und beginnt, schweigend an ihrem Tee zu nippen.

Ich schaue irritiert zu meinem Dolmetscher hinüber. »Was soll das?«, frage ich. »Was hat sie gemacht?«

Auch Ganbat lehnt sich entspannt zurück, als wäre nichts gewesen, und trinkt ein paar Schlückchen Tee. »Sie hat Ihre Aura begutachtet«, sagt er ganz beiläufig.

»Sie hat was?«

»Ihre Aura angeguckt.«

»Aber sie hat den Kopf geschüttelt und dabei ›uih, uih, uih‹ gesagt.«

»Ja, das hat sie.«

Ich stehe auf und laufe ein paarmal unruhig auf und ab, unsicher darüber, was mich mehr plagt: die Verrücktheit dieser Situation oder die Tatsache, dass Guai Yaga mein Energiefeld offensichtlich nicht in Ordnung findet.

Die alte Frau sagt etwas auf Mongolisch und bedeutet mir mit der Hand, mich wieder zu setzen.

Ganbat wendet sich mir zu. »Sie möchte, dass Sie sich …«

»Setzen! Ja, ich weiß.« Gereizt nehme ich neben meiner Gastgeberin Platz.

Sie lächelt mich milde an, als wäre ich ein kleines Kind, das sich über eine harmlose Sache aufregt und nun die Gerechtigkeit der Welt anzweifelt. Ich beruhige mich langsam und lächle etwas unsicher zurück. Dabei versuche ich, meine Gedanken möglichst neutral zu halten. Wer weiß, was die alte Dame noch beherrscht.

»Ganbat«, sage ich langsam und ruhig. »Ich glaube, ich verstehe noch nicht so ganz, wer oder was Guai Yaga«, und jetzt mache ich doch eine ehrfurchtsvolle Verbeugung zu ihr hin, »eigentlich ist.«

»Aber«, erwidert Ganbat leicht vorwurfsvoll, »das kann doch gar nicht sein. Menschen kommen von überall her, um von ihr zu lernen. Sie ist sehr bekannt. Guai Yaga ist die berühmteste Schamanin der Mongolei.«

Feierliches Schweigen erfüllt die Jurte.

»Ich kann nicht glauben, dass ich das getan habe«, sage ich respektlos in die Stille. »Ich kann nicht glauben, dass ich wirklich eigenmächtig eine Reise hierher gebucht habe. Das hat jemand anderes für mich erledigt. Jemand, der sich wohl gerade ziemlich lustig über mich macht.«

Ganbat schaut mich verständnislos an.

Guai Yaga betrachtet ihn neugierig und will wissen, was ich gesagt habe. Ganbat übersetzt, da lacht sie laut auf und sagt etwas, was mir Ganbat folgendermaßen übersetzt: »Nida, du hast siebzehn Tage.«

Ich stehe draußen und halte starren Blickkontakt mit der schwarzweißen Ziege. Die frische Luft tut mir gut. Diese neutrale, geerdete, wiederkäuende Ziege tut mir gut. Mir ist es plötzlich zu stickig geworden. Ich habe eilig die Jurte verlassen, gleich nach dieser Äußerung mit den siebzehn Tagen, bin dreimal um das Auto getigert und anschließend bei diesem Viehgatter gelandet.

Siebzehn Tage. Was meint sie damit? Habe ich noch siebzehn Tage zu leben? Läuft in siebzehn Tagen mein Visum ab? Oder habe ich siebzehn Tage lang die Möglichkeit, ein Bett bei ihr in der Jurte zu mieten? Die Ziege hält den Kopf schief und mustert mich, dann fängt sie laut an zu meckern.

»Ich habe nichts für dich«, sage ich. Nun kommen auch der Yak und die Ponystute samt Fohlen eilig angelaufen. »Ich habe nichts für euch«, wiederhole ich. Doch da meine Worte die vier nicht zu überzeugen scheinen, wende ich mich ab und gehe zurück zur Jurte. Ich mache einen großen Schritt über die Schwelle und trete ein. Ich höre Guai Yaga laut und rasselnd lachen. Anscheinend hat Ganbat ihr gerade eine schöne Geschichte erzählt. Vielleicht über die seltsame deutsche Frau, die manchmal ganz plötzlich überaus hysterisch reagiert.

»Oh Nida, wie schön, dass Sie wieder bei uns sind.« Ganbat meint es ehrlich. »Guai Yaga möchte, dass Sie sich setzen und noch einen Tee mit uns trinken. Es ist Zeit für die Geschenke.«

Artig setze ich mich hin und greife nach der Papiertüte unter meinem Stuhl. Guai Yaga reicht mir lächelnd eine Schale voll Suutei Tsai. Dann kramt sie etwas aus einer der bunten Kommoden und kommt schließlich freudestrahlend mit einer hellrosa Holzpfeife zurück. Jetzt ahne ich, was kommt. Eilig hole ich die rot-blaue Pfeife und den Tabak aus meiner Tüte. Ich werfe einen kurzen Blick auf meinen Dolmetscher, der mir zufrieden zunickt. Mit einer großen Geste überreicht mir Guai Yaga die Pfeife, die ich voller Demut entgegennehme, bewundernd vor meinen Augen hin und her drehe und schließlich begeistert mit beiden Händen an mein Herz drücke. Da grinst mich die alte Schamanin an, und ich weiß, dass sie mich durchschaut hat. Etwas weniger pathetisch übergebe ich ihr nun meine rot-blaue Pfeife und das Paket mit dem Tabak. Guai Yaga lacht herzlich und zeigt sich hocherfreut über mein Geschenk. Mit ebenso übertriebenen Gesten wie ich zuvor lobt und preist sie mein Mitbringsel. Dann überreicht sie mir noch ein kleines Lederbeutelchen, und ich hoffe, den Inhalt nicht probieren zu müssen. Ich schaue Ganbat fragend an, doch der winkt ab.

Die alte Schamanin nimmt wieder auf ihrem Thron Platz und dreht meine Pfeife in ihren Händen hin und her, ganz so, als ob sie sich mit diesem Gegenstand verbinden wollte. Sie schließt die Augen, geht tief in sich und flüstert etwas Unverständliches. Dann wird sie still, scheint auf etwas wie eine Antwort zu warten. Diese muss umgehend gekommen sein, denn plötzlich wiegt sie den Kopf abwägend hin und her, als wolle sie verhandeln, doch schon einen Moment später nickt sie zustimmend. Guai Yaga öffnet die Augen wieder. Mit einem durchdringenden Blick schaut sie mich an und sagt etwas auf Mongolisch, das mir bereits sehr bekannt vorkommt.

»Sie haben siebzehn Tage Zeit«, übersetzt Ganbat ihre Worte. »Schneller sei es unmöglich, sagen die Geister. Und diese Zeit ist schon sehr knapp bemessen.«

»Oh, dann muss ich wohl noch eine zusätzliche Woche Bildungsurlaub bei meinem Arbeitgeber beantragen«, scherze ich, »denn das überschreitet die von mir eingeplante Zeit.«

Guai Yaga und Ganbat schauen mich schweigend und ernst an.

Ein paar Sekunden vergehen. Etwas kratzt in meinem Hals. Ich huste. Ich denke an die drei Stunden, die mir fehlen, an das große Geheimnis in meinem Kopf. Ich denke an meine Wohnung, diese schöne große Altbauwohnung in der Juliusstraße. Und meine Arbeit als Ärztin auf der Intensivstation, die so verantwortungsvoll ist, und schließlich an meinen Chef, der große Stücke auf mich hält und sagt, ich sei das Herz der Station.

»Gut. Ich bleibe hier!«, höre ich mich sagen. »Siebzehn Tage sind völlig okay.«

Dann trinken wir einen starken Milchschnaps. Dazu gibt es Käse aus Yakmilch, Hirsefladen und gekochte Kartoffeln. Ganbat erklärt mir die mongolische Küche. Mir schmeckt es. Ich esse und trinke, was auch immer Guai Yaga mir mit verschmitztem Blick anreicht. Ganbat erwähnt, dass die siebzehn Tage nicht leicht für mich werden würden, doch ich lache darüber nur laut. Was soll ich auch anderes tun? Die anderen stimmen mit ein. Die Jurte dreht sich vor meinen Augen leicht im Kreis. Die alte Schamanin zündet sich ein Pfeifchen an, allerdings nicht das rot-blaue von mir, sondern ein schlichtes aus hellem Holz. Die Stimmung ist ausgelassen. Ganbat erzählt Geschichten von seiner Familie, den Pferden und von seinem Studium in Deutschland. Ich soll auch etwas von mir erzählen und gebe, weil mir nichts anderes einfällt, Anekdoten von meiner Arbeit im Krankenhaus zum Besten. Die kommen aber anscheinend nicht so gut an, denn plötzlich stimmt Guai Yaga ein mongolisches Liedchen an. Ganbat singt aus vollem Halse mit, und ich stimme nach einem Weilchen an Stellen, wo mir die Melodie vertraut erscheint, leise summend mit ein. Ich verspüre ein dringliches Bedürfnis und stehe vorsichtig auf. Einen Moment muss ich warten, bis das Drehen in meinem Kopf nachlässt, dann suche ich den Weg nach draußen. Wieder hereinkommend, entdecke ich auf einem Tischchen eine russische Ausgabe von Leo Tolstojs »Kindheit«. Ich kenne das Buch aus meiner Schulzeit und fange an, daraus vorzulesen. Guai Yaga und Ganbat sind mit einem Schlag still, und auch mir bleibt das letzte Wort in der Kehle stecken.

»Du sprichst Russisch?«, fragt mich Guai Yaga ernst in eben jener Sprache.

Ich fühle mich ertappt und irgendwie schuldig. Ernüchtert lasse ich meinen Kopf auf die Brust fallen und nicke. »Zwangsläufig«, sage ich.

Guai Yaga schaut nachdenklich auf den Boden. Dann nickt sie lange und sagt: »Ich auch – zwangsläufig.«

Ganbat sagt gar nichts. Die Situation ist merkwürdig. Schließlich räuspert sich mein Dolmetscher und erklärt: »Dann kann ich ja eigentlich morgen zu meiner Familie nach Hause fahren. Hier werde ich als Übersetzer doch nicht mehr gebraucht.« Er schmunzelt. »So hat es doch etwas Gutes, dass Guai Yaga während der Zeiten des Sozialismus Russisch lernen musste – wie alle älteren Mongolen.«

Für diese Bemerkung erntet er einen sehr strengen Blick der Schamanin.

Kurz vor dem Schlafengehen werde ich von Guai Yaga noch genauestens in die Gepflogenheiten des gemeinsamen Lebens in ihrer Jurte eingeweiht. Meine haushaltlichen Pflichten beschränken sich allerdings in erster Linie darauf, Gast zu sein. Aufgestanden wird bei Sonnenaufgang, erklärt mir die Schamanin. Dann gibt es Frühstück, und anschließend bekomme ich von meiner Lehrerin die Tagesaufgabe genannt, die ich bedingungslos und ohne Widerworte zu erfüllen habe. Abends nach dem Essen wird mir dann eine Gesprächs- und Reflexionszeit eingeräumt, in der ich meine Erlebnisse des Tages mitteilen kann und in der die Schamanin einen Eindruck über meinen Entwicklungsfortschritt erhält. Das sei sehr wichtig, betont sie. Zwischen Frühstück und Abendessen, auch das unterstreicht sie, solle weitestgehend geschwiegen werden. Meiner Interpretation nach bedeutet das, dass ich Guai Yaga nicht mit unnötigen Fragen belästigen soll, weil auch sie wichtige Tagesaufgaben zu erledigen hat.

Ich zeige mich einverstanden und verschwinde mit einer Flasche Wasser, einer Schaufel und einer Rolle Toilettenpapier nach draußen.

Schließlich liege ich in einem hübsch geschnitzten Holzbett und versuche, einzuschlafen, was mir auch beinah gelingt. Doch plötzlich wird mein Dösen jäh unterbrochen. Ein lauter Schnarchton lässt nämlich mit einem Male die Zeltwände vibrieren. Das unerträgliche Geräusch kommt von der gegenüberliegenden Seite der Jurte.

»Ganbat! Psst!«, flüstere ich und spähe ins Dunkle.

Doch von Ganbats Matratze höre ich nur ein leises Schmatzen wie von einem Baby. Der ohrenbetäubende Schnarchton hingegen erfüllt weiterhin in regelmäßigen Abständen das Innere der Jurte. Er kommt von der alten Schamanin, stelle ich fest. Siebzehn Nächte, denke ich verzweifelt und greife nach meiner Handtasche unter dem Bett. Ich ertaste eine Packung Ohrstöpsel, stecke sie mir in die Ohren und verfalle wenig später in einen erholsamen Schlaf. Ich träume, wie ich im leuchtend roten Deel vor meinem Chef herumtanze, während er mir voller Mitgefühl lächelnd die Kündigung überreicht. Ich nehme sie aus seiner wedelnden Hand entgegen und lache und lache und lache, bis sich mein Gelächter anhört wie das Gemecker einer Ziege, immer lauter, immer aufdringlicher, bis ich erschrocken über mich selbst aus dem Schlaf hochfahre und in Guai Yagas amüsiert dreinblickende Augen schaue. Sie steht bereits vollständig angekleidet am Herd und bereitet uns das Frühstück zu.

Peinlich berührt schaue ich zu Ganbat hinüber. Doch der liegt noch in seine Decke gekuschelt auf seiner Matte und schläft, ohne das geringste Geräusch von sich zu geben.

»Guten Morgen«, sage ich auf Russisch und bin ein wenig verschämt wegen des intimsphärenlosen Gemeinschaftslebens in der Jurte.

»Guten Morgen«, antwortet Guai Yaga. »Du hast gut geschlafen, nicht wahr?«

Ich nicke und bin froh, als sich meine Lehrerin wieder dem Herd zuwendet. Schnell schlüpfe ich in meine Kleidung.

»Sie warten schon auf dich«, sagt die Schamanin geheimnisvoll, während sie mir den Rücken zudreht.

»Was?« Mir wird seltsam zumute. Was meint sie damit? Der Satz hallt unheimlich und unverständlich in meinem Kopf wider. »Wer … wer wartet auf mich?«, frage ich unsicher.

»Na, sie!« Guai Yaga hebt den Zeigefinger in die Luft und lauscht.

Die Geister! Ich lausche ängstlich in den Raum hinein. Doch ich höre nichts außer dem aufdringlichen Gemecker der Ziege draußen im Verschlag.

»Sie warten auf dich«, wiederholt Guai Yaga.

»Ja, aber …«

»Sie wollen ihr Futter.«

Und jetzt kapiere ich langsam. Mein Herzschlag beruhigt sich wieder. »Die Ziege«, sage ich fast tonlos.

Guai Yaga nickt, begeistert über meine Auffassungsgabe. »Deine Aufgabe für diesen Tag ist es, dich um die Tiere zu kümmern.«

TAG 1

Hallo«, sage ich, in meinem Arm eine große Schale voller Getreide. Ich werde freudig zurückgegrüßt: Die Ponystute grummelt und wiehert mit tiefer Stimme, während die Ziege schrill meckert und sich bei dem Versuch, mir über den Zaun entgegenzuklettern, fast umbringt. Nur der Yak ist still, leckt sich in froher Erwartung Maul und Nase. Vorsichtig gehe ich außen an der Koppel entlang in Richtung Futtertrog. Dabei werde ich von der aufgeregten Tierschar auf der anderen Seite des Zaunes begleitet. Guai Yaga hat mir eingeschärft, nicht mit dem Futter zwischen den Tieren herumzulaufen. Als die Ponystute nach der Ziege tritt, weiß ich auch, warum. Schnell schütte ich das Getreide über den Zaun hinweg in den langen und schmalen Futtertrog. Die Stute erobert sich zuerst einen Platz. Die Ziege rennt hektisch mal nach links, mal nach rechts und findet schließlich einen Platz zum Fressen gleich neben der Stute, die mit drohenden Kopfbewegungen in schön regelmäßigen Abständen zeigt, dass sie die Chefin ist. Erst als sich die Aufregung allmählich legt, trottet der Yak heran. Er begibt sich unauffällig zum Rand des Troges und beginnt, langsam und genüsslich, das Getreide zu kauen. Das kleine beige Fohlen hat die ganze Angelegenheit genauestens beobachtet. Dann probiert es, geschützt durch seine autoritäre Mutter, das harte Getreide, ohne sich so recht dafür begeistern zu können.

Ich atme auf. Die allgemeine Anspannung, die auch mich gepackt hat, geht in zufriedenes Kauen über.

Weiter geht es mit meiner Tagesaufgabe. Ich schnappe mir eine kleine Holzgabel, die aussieht, als stamme sie aus der Steinzeit, und einen Korb und betrete durch das Gatter die große Koppel. Guai Yaga hat mir erklärt, dass sich der ein oder andere Haufen gut zum Heizen eignet. Also sammle ich fleißig getrockneten Dung. Es geht mir leicht von der Hand, die grünbräunlichen Haufen mit einer schwungvollen Bewegung in den Korb zu befördern. Ist eine Stelle gereinigt, suche ich eifrig nach der nächsten und stelle fest, dass die Ponystute und der Yak bevorzugte Plätze haben, an denen sie ihr Geschäft verrichten, die Ziege jedoch so ziemlich überall ihre braunen »Kaffeebohnen« fallen lässt. Doch die brauche ich ohnehin nicht weiter zu beachten. Für mich zählen in erster Linie die Yakhaufen. Ich wundere mich ein wenig über die Menge des Kots und auch darüber, dass mir der Geruch, eine Mischung aus Zirkus, Sonne, Staub und Gras, nicht unangenehm ist. Für einen kurzen Moment denke ich an den sterilen Geruch der Intensivstation, an die weiße Dienstkleidung und die desinfizierten Latexhandschuhe. Ich fange an zu lachen und werfe übermütig einen Fladen in hohem Bogen in den Korb. Ich treffe nicht ganz. Zur Hälfte landet er auf dem Griff. Mit einer kleinen Handbewegung schubse ich ihn zu den anderen Haufen.

Aus der Ferne erklingt das Geräusch eines Automotors. Ich wische mir mit der schmutzigen Hand den Schweiß von der Stirn und drehe mich um. Ein alter Wagen fährt vor und parkt an der Stelle, wo zuvor Ganbats Geländewagen stand. Der Student ist gleich nach dem Frühstück zu seinen Eltern abgereist.

Ich sehe einen Mann und eine Frau aussteigen, beide sind Mongolen. Die Frau greift auf die Rückbank und zieht einen ungefähr fünf Jahre alten Jungen hervor. Der Mann öffnet den Kofferraum und wirft sich einen großen Sack Kartoffeln auf die Schulter. Dann verschwindet die mongolische Kleinfamilie in Guai Yagas Jurte.

Ich bin neugierig geworden und beeile mich mit dem Dungsammeln.

Schnell sind die Weide sauber und der Korb voll. Ich laufe zur Jurte und lausche an der Zeltwand. Guai Yaga singt, sonst höre ich nichts. Einen Moment lang überlege ich, dann öffne ich kurzerhand die Tür und trete leise ein. Das Innere der Jurte ist voller Rauch. Es riecht nach Salbei und Wacholder. Guai Yaga steht mit halb geschlossenen Augen über den Jungen gebeugt. Ihre Hände schweben etwa dreißig Zentimeter über seinem Kopf. Die Eltern des Kindes sitzen still in der Ecke und beobachten die Situation andächtig.

Ich hocke mich leise auf den Teppich. Die alte Schamanin tastet sich am Kopf des Jungen entlang. Plötzlich verharrt sie an einer Stelle. Als würde sie etwas Unsichtbares entfernen wollen, beginnt sie, ihre Hände mit wischenden Bewegungen in einigem Abstand über dem Kopf des Jungen gleiten zu lassen. Dann lässt sie sie wieder an einer bestimmten Stelle verweilen. Gut zwanzig Minuten lang bleibt sie in dieser Position, singt und betet. Schließlich huscht ein Lächeln über ihren Mund. Sie legt die Handflächen aufeinander und scheint sich bei den Geistern (oder wem auch immer) zu bedanken. Der Junge hat die ganze Zeit über still, fast schlafend, in derselben Position ausgeharrt, doch nun klettert er plötzlich, wie zu neuem Leben erweckt, von seinem Hocker herunter und beginnt, mit einer kleinen Holzkugel auf dem Boden zu spielen.

Guai Yaga öffnet langsam die Augen. Sie legt ihre Hände in eine Schale mit Wasser. Dann verneigt sie sich in alle vier Himmelsrichtungen, zur Erde und zum Himmel. Anschließend verbrennt sie Salbei und fächelt den Rauch in alle Ecken der Jurte.

Als sie mit der Zeremonie fertig ist, wendet sie sich den Eltern des Kindes zu und beginnt, ruhig und ausführlich mit ihnen zu sprechen. Ein wenig erinnert sie mich dabei an eine Ärztin, die den Angehörigen der Patienten das Ergebnis ihrer Untersuchung mitteilt. Die Eltern verfolgen jedes Wort der Schamanin und nicken dann erleichtert. Die Behandlung scheint gut ausgegangen zu sein.

Ich bin beeindruckt von dem, was ich erlebe.

Was folgt, scheint eine Art Paartherapie zu sein. Die Frau erhebt, nachdem sie lange geschwiegen hat, plötzlich mit sehr emotionaler Stimme Vorwürfe gegen ihren Mann. Dieser starrt daraufhin schweigend auf seine gefalteten Hände. Guai Yaga lässt die beiden einen Augenblick lang gewähren, dann sagt sie etwas, was auf mich sehr sachlich und gleichzeitig beschwichtigend wirkt. Das animiert den Ehemann dazu, seinen Standpunkt vorzutragen. Die Frau schweigt, hört zu und nickt. Sie wirkt nun nicht mehr ganz so aufgebracht. Eine Weile geht das auf diese Weise hin und her. Die düstere Energie zwischen den Eheleuten verflüchtigt sich und macht nun Platz für die tiefen Gefühle, die diesem vordergründigen Konflikt zugrunde liegen. Die Frau fängt leise an zu weinen, der Mann nimmt sie liebevoll in den Arm, und am Ende habe ich den Eindruck, dass die Botschaft »Wir schaffen das!« im Raum steht.

Ich bin noch beeindruckter.

Als die drei fort sind, frage ich Guai Yaga, was mit dem Jungen los war. Die Schamanin zieht den Sack Kartoffeln, der als Dank zurückgelassen wurde, an einen kühlen Ort neben der Tür und sagt nur: »Das Kind ist kein einfacher Fall.«

»Wie meinst du das?«

»Die Frau hat das Kind nicht gewollt. Sie hatte schon drei Geburten hinter sich und hätte nicht mehr schwanger werden dürfen. Aber der Junge wollte ins Leben. Eine alte Seele hat sich ihr Leben genau hier und unter diesen Bedingungen ausgesucht. Doch scheint sie sich noch nicht ganz entschieden zu haben, in welcher Welt sie wirklich sein will. Deswegen wandert manchmal ein Teil von ihr umher. Der Junge wirkt dann abwesend, als ob er nicht ganz mit der Erde verhaftet ist. Bald werden seine Eltern noch einmal mit ihm hierherkommen. Ich werde dann versuchen, die Seele des Jungen stärker mit dem Hier und Jetzt, mit dem Dasein auf der Erde zu verbinden. Sonst kann es passieren, dass sich die Seele entscheidet, ganz zu gehen. Doch das liegt nicht in meiner Macht. Ich kann sie nur bitten, zu bleiben.«

Mir läuft es bei Guai Yagas Worten kalt den Rücken herunter. »Und was hast du an seinem Kopf gemacht?«, will ich wissen.

Die alte Schamanin trinkt eine Tasse Wasser. Ein wenig Flüssigkeit läuft ihr das Kinn hinunter. Sie wischt sie mit dem Ärmel ab und schaut mich an. »Manchmal, wenn er sehr abwesend ist, läuft er fort, allein in die Steppe oder zum Fluss. Nicht selten verletzt er sich bei diesen Ausflügen. So war es auch beim letzten Mal. Er hat auf einem Felsen gesessen. Als die besorgten Eltern ihn zu sich riefen, ist er überrascht aufgesprungen und gestürzt. Ich musste ihn von einer Gehirnerschütterung befreien.«

»Was?« Die Ärztin in mir regt sich. »Und wieso schickst du sie nicht mit ihm ins Krankenhaus?«

»Das Krankenhaus der Nomaden bin ich«, sagt Guai Yaga trocken.

Von draußen erklingt Gewieher. Ich höre aufgeregte Stimmen, dann Schritte vor der Tür. Zwei Männer treten herein, ein alter Mongole und ein jüngerer. Als sie mich sehen, stutzen sie einen Moment, doch dann wenden sie sich Guai Yaga zu. Ehrfurchtsvoll verbeugen sie sich einige Male und warten darauf, dass die Schamanin sie auffordert, zu erzählen, was ihr Anliegen ist. Man merkt, dass sie aufgebracht sind. Der jüngere Mann hat seine Augenbrauen wütend zusammengezogen und kann seinen Ärger beim Sprechen kaum zähmen.

Sechs Pferde sollen ihnen in den frühen Morgenstunden gestohlen worden sein, erklärt mir Guai Yaga schnell. Nun soll sie herausfinden, ob die Tiere noch leben und wo sie sich befinden könnten. Dazu will sie die Geister befragen.

Ich nage an meiner Unterlippe. Die Männer hocken sich auf den Boden und werden still. Ihr Vertrauen in die Kraft der Schamanin scheint groß zu sein. Guai Yaga setzt sich auf ihren Stuhl und schließt die Augen. Sie stimmt den mir mittlerweile bekannten Singsang an, um sich in Trance zu versetzen.

Ich frage mich, ob ich die Geister wohl auch sehen oder spüren kann, doch ich nehme nichts dergleichen wahr. Ich vermute, mir fehlt die dafür notwendige Sensibilität. Die Jurte ist unverändert warm und rauchig.

Offensichtlich leben die Pferde noch, denn Guai Yaga unterbricht ihren Gesang und sagt etwas, was die beiden mongolischen Reiter sehr erfreut. Sie öffnet langsam ihre Augen und verlangt nach etwas zum Schreiben. Einer der Männer springt auf und sucht auf der Kommode nach etwas Geeignetem. Er findet einen alten Bleistift und ein Stück Papier. Guai Yaga nimmt es ihm bedächtig aus den Händen und zeichnet eine Art Gebirgszug, auf dem sie einen Punkt markiert. Dort sollen sich die Pferde aufhalten. Die Männer sind froh und wollen sofort losreiten. Doch Guai Yaga warnt die beiden. Sie nimmt einen kleinen Tonkrug von ihrem Altar und streicht den beiden Mongolen zum Schutz eine Art Öl auf die Stirn. Danach signalisiert sie ihnen, dass sie losziehen können. Dankbar eilen die Männer aus der Jurte, um sich auf den Weg zu machen, ihre Pferde zu befreien. Auf dem Tisch haben sie zwei Flaschen Milchschnaps zurückgelassen.

Ich habe den Besuch und die zeremoniellen Darbietungen kaum verdaut, da erscheint schon der nächste Gast. Nun weiß ich, warum die Schamanin mir nur früh morgens und abends Zeit zum Reden eingeräumt hat: Sie ist sehr ausgelastet. Doch immerhin darf ich anwesend sein und als stille Beobachterin ihre Art, Menschen zu helfen, verfolgen. Dabei wird mir deutlich, wie wichtig die Schamanin für die Nomaden der Steppe ist. Guai Yaga genießt ein hohes Ansehen, was mir das Verhalten der Besucher zeigt. Jeder Gast verbeugt sich tief und wagt weder zu sprechen noch die Schamanin anzusehen, bevor er nicht dazu ermuntert wird. Allmählich wird mir klar, warum Ganbat von Guai Yaga wie von einer Berühmtheit spricht. Sie scheint eine der wichtigsten Personen im Land zu sein, und die Menschen kommen von überall her, um ihre Hilfe in Anspruch zu nehmen.

Der nächste Mongole erkundigt sich nach dem Wetter für die nächsten Tage. Er will Verwandte im Altai besuchen und hat eine lange Reise vor sich. Selbstverständlich bekommt auch er eine Auskunft von Guai Yaga. Außerdem wird er mit verschiedenen Schutzritualen belegt. Zum Dank legt er ein großes Stück Käse auf den Tisch.

Bis zum späten Nachmittag habe ich Guai Yaga als Heilerin erlebt, als Seelsorgerin, als Ehe- und Erziehungsberaterin, als Wetterdienst, als Finanzberaterin und als noch einiges mehr. Ihre Jurte ist wie eine Praxis und die Steppe das endlos weite Wartezimmer, aus dem die Patienten hereinströmen. Manche kommen einfach nur, um ihrer Schamanin zu huldigen und ein paar Worte mit ihr zu plaudern. Ich höre, wie Guai Yaga in Trance versetzt singt, wie sie mit klaren, autoritären Worten spricht, ich sehe sie mit ihren Händen heilen. Mal ist sie liebevoll und fürsorglich, mal ertönt einfach nur ein gickerndes Lachen aus ihrer Kehle, dessen eigenem Charme sich niemand entziehen kann.

Als wir wieder allein sind, erklärt sie mir, dass Lachen Licht sei und dass die Geister wollten, dass manchen Menschen Fröhlichkeit als Medizin verabreicht werde. Wer an Dunkelheit leide, müsse lernen, dass zur Heilung auch Freude und Lachen gehören. Doch das sei das Schwierigste. Guai Yaga macht ein besorgtes Gesicht. »Wenn die düstere Geisteshaltung nicht geändert wird«, sagt sie mit ernster Stimme, »kann ich vielleicht, wenn es denn von der großen Quelle gewollt ist, das Leiden des Körpers lindern, aber die Krankheit wird immer wiederkommen. Dunkle Gedanken sind wie Flecken oder Nebel in dem uns umgebenden Körper aus reiner Energie. Wenn er nicht gereinigt wird, ist Heilung nicht möglich. Aber das wirst du als Ärztin sicher wissen, nicht wahr?«

Darauf antworte ich nicht. Die Wahrheit ist, dass ich das alles zum ersten Mal höre, und das möchte ich nicht sagen. Eine Lüge wiederum erkennt meine Schamanin wahrscheinlich sofort.

Ich bin aber längst durchschaut, denn Guai Yaga zwinkert mir wissend zu und beginnt, den eigenartig getrockneten Yakkäse in kleine Stücke zu schneiden. Heute Abend soll es gefüllte Teigtaschen geben, verrät sie mir. Ganz anders als in der traditionellen mongolischen Küche gibt es bei Guai Yaga nur vegetarische Kost. Das hat mir Ganbat schon auf der Fahrt hierher verraten. Er wollte wohl vermeiden, dass ich allzu sehr enttäuscht bin, wenn ich keinen gekochten Hammel auf den Teller kriege.

»Ich gehe mal nach draußen zu den Tieren«, sage ich.

»Du siehst schon besser aus heute«, ruft mir Guai Yaga hinterher.

In meinen Händen halte ich einen Krug und einen Schemel. Die Aufgabe heute ist es, die Yakkuh zu melken. Gedanklich bin ich noch bei den Worten der Schamanin. Energiekörper. Natürlich weiß ich, dass Körper und Seele zusammenhängen und dass diese Erkenntnis für eine ganzheitliche Heilung wichtig ist, aber für meine Arbeit auf der Intensivstation war das bisher nun wirklich nicht von Bedeutung. Da ging es ausschließlich darum, den Körper vorerst am Leben zu halten, und was danach kam, war nicht meine Aufgabe. Der Yak schaut mich aus dunklen Augen fragend an.

»Ja, da schaust du!«, sage ich. »Heute erledige ich das.« Der Yak geht weg. Ich wollte schon als Kind Ärztin werden. Heute hasse ich meinen Beruf so sehr, dass ich lieber im Supermarkt an der Kasse stehen würde. Ich erschrecke bei diesem Gedanken über mich selbst, denn da der Beruf mein Leben fast vollständig dominiert, muss ich wohl oder übel zu dem Schluss kommen, dass ich auch dieses hasse. Ich folge dem Yak, der versucht, sich hinter der Ziege zu verstecken.

»Das nützt dir nichts«, sage ich. Der Yak wandert weiter und bleibt im Schutz der Ponystute stehen. Das hat Wirkung auf mich. Ich bleibe stehen. Die Tiere schauen mich aus großen Augen an.

»Wisst ihr was?«, rufe ich ihnen zu. »Ich hasse meinen Beruf und auch mein Leben.« Die Tiere weichen alarmiert zurück. Das beeindruckt mich. Sende ich tatsächlich so negative Energie aus? Kraftlos lasse ich meine Arme sinken. Krug und Schemel rutschen zu Boden. Noch immer beobachten mich die Tiere und schauen dabei ganz verständnislos drein.

»Na, was seht ihr?«, frage ich schwach. »Könnt ihr auch die dunklen Wolken in meinem Energiefeld erkennen, so wie Guai Yaga, eure Herrin? Bei meiner Geisteshaltung müssten die Wolken doch überdimensional groß sein. Es ist beinah ein Wunder, dass ich nicht schon längst tot bin.« Mein Hinterkopf beginnt zu brennen. Ich kenne dieses Gefühl gut. Kurz macht sich in meinem Nacken und hinter meiner Stirn ein pulsierender Schmerz breit. Eine Migräne kündigt sich an. Immerhin hatte ich vier Tage lang keine Kopfschmerzen. Ich kann mich also nicht beklagen.

»Scheiße«, sage ich und trete gegen einen Dunghaufen. Die Kotballen fliegen in hohem Bogen durch die Luft. Wir alle verfolgen das Schauspiel, die Ponystute, das Fohlen, die Ziege, der Yak und ich. Dann wird mir bewusst, wie treffend meine Wortwahl in dieser Situation ist, und ich muss lachen. Das Brennen im Nacken verschwindet. »Scheiße«, sage ich noch einmal, »ist in meinem Fall wohl der erste Schritt zu einem besseren Leben.« Ich finde das sehr weise von mir. »Und jetzt komm her, Yak, ich will dich melken.«

»Deine Kraft ist gut, Nida«, höre ich Guai Yaga hinter mir sagen. Sie steht am Zaungatter und beobachtet mich. Ich hoffe, dass sie dort nicht schon allzu lange steht. »Du bist sehr stark. Sonst hättest du es nicht bis hierher geschafft. Aber du hast ein Problem: Ohne Liebe ist deine Kraft nichts wert.«

Ich drehe mich um und schaue Guai Yaga an. Ich bin mir nicht sicher, ob ich verzweifelt oder wütend werden soll. Doch die Schamanin lächelt nur, und sie tut das so liebevoll, dass es mich tief in meinem Inneren berührt. Ihre Kraft durchfließt mich. In meiner Brust spüre ich plötzlich Wärme und ein Gefühl der Verwundbarkeit, das mich fast zum Weinen bringt.

»Siehst du, Nida«, sagt sie leise. »Das ist es, was ich meine. Das ist bedingungslose Liebe. Die gebe ich dir, dem Yak und all den anderen Tieren, den Pflanzen, den Steinen, der Erde, der ganzen Schöpfung. Deine Kraft ist stark, wenn du sie mit Liebe füllst. Alles, was du tust, hat Sinn, wenn du es in Liebe tust. Du wirst es spüren. Es ist nicht die personenbezogene Liebe wie beim Verliebtsein. Es ist eine Art Urgefühl, das dir alt und vertraut erscheinen wird, wenn du es spürst. Es ist in dir und begleitet dich seit vielen Leben. Du kannst es selbst wachrufen, wann immer du nur willst. Es ist der Funke des Göttlichen, der in dir wohnt. Es ist deine Seele. Wenn du sie spürst und ihr den Raum gibst, dein Leben zu bestimmen, wirst du ein Gefühl von Verbundenheit mit allem erleben. Du wirst plötzlich wissen, dass du dazugehörst und in der Gesamtheit der großen Schöpfung aufgehoben bist.«

»Das geht mir zu schnell«, murmle ich. »Ich glaube, ich kann dir nicht folgen.«

Guai Yaga lächelt. »Wenn du das Geschehen um dich herum aus der Mitte deiner Brust betrachtest, aus dem Gefühl, das dich weinen lässt, wenn du einen Sonnenuntergang siehst oder ein Tier, das dir Vertrauen schenkt, oder vielleicht auch aus dem, das du empfindest, wenn du die Hände eines Menschen nimmst, mit dem du mitfühlst, dann bist du in der bedingungslosen Liebe. Das ist die stärkste Kraft aller Energien, die es gibt. Du bist geschützt und eins mit deinem inneren Kern, der von der großen Quelle stammt, und der in allem lebt, was beseelt ist. Du bist zu Hause in dir, in deiner Seele.« Guai Yaga macht eine Pause und atmet tief ein. Dann richtet sie ihre Handflächen auf mich. »Wende dich nun in dieser Liebe an den Yak, und bitte ihn um die Milch, die er uns heute schenken will.«

Mein Verstand findet die Worte der Schamanin seltsam, wertet sie sogar ab. Sie klingen mir zu fremd, zu blumig und passen so gar nicht in meine Welt. Ich glaube nur an das, was ich sehe. Doch wenn ich meinen westlichen Verstand für einen Moment ausschalte, spüre ich die Kraft ihrer Worte deutlich in meinem Körper. Ich spüre die Energie, die von ihr zu mir fließt. Ein tiefes Gefühl, das sich in mir ausbreitet, und wieder dieses warme Kribbeln, wie ein Strom, der von meiner Brust direkt in alle Teile meines Körpers fließt und an den Handflächen endet. Ich bin irritiert, höre Guai Yaga lachen. »Ihr europäischen Menschen! Euer Verstand ist so ausgeprägt, dass er euer Leben diktiert. Aber der Körper ist ein feines Instrument, und er hört längst nicht dort auf, wo du denkst, dass er endet. Alles, was ihn berührt, jede deiner Erfahrungen erzeugt in ihm einen Klang, der nachhallt. Ob er schön oder grauenhaft ist, ist deine persönliche Entscheidung. Benutze deinen Körper als das fein gestimmte Instrument, das er ist, und lerne, ihn zu deuten.«

»Was tust du mit mir, Guai Yaga?«, frage ich noch immer leicht verwirrt.

»Nichts Besonderes«, sagt sie und hält weiterhin ihre Handflächen auf mich gerichtet. »Ich nehme nur ein wenig Energie auf und sende sie dir. Du scheinst sie zu brauchen. Ob sie dich erreicht oder nicht, kannst nur du beeinflussen. Im Moment willst du viel von dieser Energie. Aber ich werde nun damit aufhören. Es ist Zeit für den Yak.«

Das warme Kribbeln in meinem Körper ebbt langsam ab, und zurück bleibt ein angenehmes Gefühl. Mein Kopf ist wieder klar. Ich reibe mir die Stirn.

»Energie folgt der Aufmerksamkeit«, sagt Guai Yaga. »Was du aufnimmst, sendest du irgendwohin. Dein Kopf hat sie gebraucht, und du hast sie von mir genommen und dorthin geschickt. So geht das nun mal.« Während ich sie sprachlos anschaue, schüttelt sie ihre Hände aus. »Und nun sendest du der Yakkuh Energie aus deinem Herzen. Dann wird sie sich auch gern von dir melken lassen.« Guai Yaga wendet sich abrupt ab und lässt mich wieder allein.

Ich stehe noch eine ganze Weile da und schaue ihr hinterher. Was hier gerade geschehen ist, ist mir so fremd wie das ganze Land um mich herum. Natürlich habe ich schon mal ein spirituelles Buch überflogen. Nur habe ich immer darüber gelächelt und geglaubt, man müsse sich den vermeintlich wichtigen Dingen im Leben zuwenden. Doch hier sind genau das die wirklich wichtigen Dinge. Guai Yaga lebt diese Spiritualität mit derselben Selbstverständlichkeit, mit der sie auch Kartoffeln schält oder Brot backt. Es ist so anders an diesem Platz der Welt und doch genau richtig. Gut, ich bin hier, um zu lernen.

Ich atme einige Male tief ein und aus und stelle mir vor, dass ich Energie aufnehme. Das fühlt sich gar nicht schlecht an. Ich konzentriere mich, schließe die Augen und lockere meinen Körper durch leichtes Schütteln. Dann versuche ich, meine Aufmerksamkeit auf die Mitte meiner Brust zu lenken. »Lieben«, sage ich zu mir selbst. Doch ich fühle nichts. »Komm, das kann doch nicht so schwer sein. Sende Liebe aus!« Ich strecke den Oberkörper und dehne meine zusammengesackten Schultern leicht nach hinten. Ich spüre, wie mein Brustbein sich öffnet. Es ist, als recke es sich gen Himmel. Das tut gut. Doch Liebe fühle ich immer noch nicht. Ich bin enttäuscht. »Ich kann nicht einfach so lieben«, sage ich resigniert, »ich brauche

Hilfe.« Ich wende mich um und schaue, ob Guai Yaga in der Nähe ist und mich vielleicht wieder beobachtet. Doch um mich herum ist nur die mongolische Steppe, die mir durch ihre unbegrenzte Weite das Gefühl gibt, selbst nicht größer als ein Grashalm zu sein. Ich bin ohne Bewandtnis und dennoch gehöre ich dazu, bin Teil dieser unbändigen Natur: die fernen Berge, das Felsplateau, der Fluss, das Wäldchen, die hier lebenden Tiere und ich. Es ist ganz still geworden. Ein Wasservogel segelt anmutig durch die Luft. Er kreist über dem Fluss und landet schließlich auf dem Wasser. Das Plätschern durchbricht die Geräuschlosigkeit dieses Augenblicks. Ich stehe sprachlos da und schaue. Eine leichte Brise kommt auf. Sie fährt mir durch das Gesicht, wirbelt Staub auf und endet genauso plötzlich, wie sie begann. Die Sonne scheint warm in mein Gesicht. Ich spüre mein Herz schlagen, ganz ruhig und im Einklang mit meinem Atem. Es ist, als hätte sich mein eigener Lebenspuls mit der Welt um mich herum verbunden. Ich nehme meine Füße wahr wie zum allerersten Mal. Fest stehen sie auf der Erde und scheinen mit ihr verwachsen zu sein. Die Ponystute vertreibt träge ein paar Fliegen mit dem Schweif. Ein Lächeln huscht über mein Gesicht. Auf einmal durchströmt mich Glück. Ich erfreue mich an meinem eigenen Dasein, an meinem Leben. Es ist richtig, genau hier zu stehen, an diesem Ort. Ich bin, schlicht gesagt, plötzlich das, was ich wirklich bin. Und nur das. Ein Wesen wie jedes andere. Ich stehe hier, atme, fühle. Ich bin eins mit den Dingen um mich herum. Es ist ein uraltes Gefühl, so schlicht und dennoch so stark und beglückend.

Der Yak schaut mich aus dunklen Augen an, die braunen Ohren seitlich abstehend. Ich schaue zurück, ohne mich zu rühren. So stehen wir eine Weile, der Yak und ich. Wir stehen auf demselben Boden und atmen dieselbe Luft. Er schüttelt den Kopf und fährt sich mit seiner Zunge über die Nase. Dann schaut er mich wieder neugierig an. Ich lächle.

»Du bist ein schönes Tier«, sage ich. Und plötzlich weiß ich, was es bedeutet, in der Liebe zu sein. Ich bin wirklich zu einem Teil des großen Ganzen geworden, das mich umgibt. Ich bin verbunden mit allem. Und dieses Verbundensein ist die Liebe, von der Guai Yaga gesprochen hat. In diesem Moment spüre ich sie. Ich liebe mich, die Felsen, die Bäume, den Yak, einfach alles, was da ist. Und in diesem Zustand ist es unmöglich, irgendetwas nicht zu lieben. Es ist bedingungslose Liebe. Ich glaube, ich spüre in diesem Moment das, was Guai Yaga den göttlichen Kern nennt. Ich fühle ihn in mir und erkenne ihn in allem anderen. Es ist im Grunde so einfach.

Langsam gehe ich auf den Yak zu. Er bleibt ganz ruhig stehen und wartet ab. Ich strecke vorsichtig meinen Arm nach ihm aus.

»Schenke mir deine Milch«, sage ich. Die Yakkuh schnüffelt an meinem Handrücken. Ihre kalte, feuchte Nase berührt meine Haut. Nun kann ich das Tier anfassen. Ich streichle seine Stirn, den Hals und arbeite mich vorsichtig bis zum Euter vor. Der Yak bewegt sich nicht. Ich setze mich auf den Schemel und versuche ein leichtes Zupfen an den Zitzen. Nichts passiert. Ich greife fester zu und streiche kräftig von oben nach unten an der Zitze entlang. Die Milch spritzt in den Eimer. Der Yak hält still. Nur ab und zu, wenn er Fliegen vertreibt, schlägt mir sein buschiger Schwanz ins Gesicht.

Nach einer Weile ist der Eimer gefüllt. »Danke«, sage ich und streiche dem Tier über den braunen Rücken.

Ich bin zufrieden. Und die Bedeutung dieses Wortes ruht erstmals tief in meiner Brust.

Am Abend sitze ich mit der Schamanin am Tisch und esse. Die Teigtaschen schmecken mir gut. Ein bisschen zu wenig gewürzt, vielleicht. Dazu trinken wir Airag, halb gegorene Stutenmilch, sehr nahrhaft, wie Guai Yaga immer wieder betont. Airag gab es schon zum Frühstück und auch zum Mittagessen. Doch ich habe keine

Probleme mit dieser etwas außergewöhnlichen Küche, ich bin in dieser Hinsicht sowieso nicht anspruchsvoll. Außerdem ist der Sinn meiner Reise nicht der, neue kulinarische Genüsse zu entdecken. Nein, man kann mir wirklich keine Vorwürfe machen. Ich habe mich in kürzester Zeit an das Leben in der mongolischen Steppe angepasst. Ich trinke Flusswasser, und es macht mir auch nichts weiter aus, mit Schaufel und Toilettenpapier ein stilles Örtchen aufzusuchen. Wenn es überhaupt irgendetwas gibt, was mich gelegentlich irritiert, dann sind es nach wie vor die Fragen, wieso ich überhaupt hier bin, und was der Spuk in meinem Kopf vor einigen Tagen – mir erscheint es schon wie Monate – zu bedeuten hat. Ist das Ganze hier nur eine Vision? Ein Traum? Liege ich vielleicht in Wirklichkeit in irgendeinem heimischen Krankenhaus im Koma? Ich schüttele energisch den Kopf, um mich schnell von diesen dunklen Gedanken zu befreien. Nicht jede Fantasie ist bereichernd, und diese droht mich gerade von meinem glückseligen Zustand zu entfernen. Ich konzentriere mich auf die Teigtaschen und lasse das Grübeln weiterziehen wie die Kamelkarawanen in der Wüste Gobi, nicht weit von hier entfernt.

Ich starre nachdenklich in meine Schüssel, während ich den trockenen parmesanähnlichen Yakkäse auf meiner Zunge schmecke. »Hältst du mich für verrückt?« Ich wundere mich selbst, dass ich Guai Yaga diese Frage stelle.

Sie schaut überrascht von ihrer Schüssel auf und sieht mich mit zusammengekniffenen Augen prüfend an. »Verrückt? Welche Bedeutung hat dieses Wort für euch?«

»Na ja«, sage ich, »geistig verwirrt, durcheinander im Kopf, eben verrückt.«

Guai Yaga scheint über meine Erklärung nachzudenken, sie sitzt regungslos da und schaut auf ihren Teller. Schließlich nickt sie langsam. »Ja, so gesehen halte ich dich für verrückt.« Dann steckt sie sich eine Teigtasche in den Mund und kaut diese genussvoll.

Ich bin sprachlos. »Moment«, sage ich und stelle meine Schüssel polternd auf den Tisch, »das kannst du doch nicht einfach so sagen und dann weiteressen, als wäre diese Antwort für mich unwichtig. Deine Worte haben eine Bedeutung, die du vielleicht ein wenig unterschätzt.«

Guai Yaga wiegt lächelnd ihren Kopf hin und her. »Nida, Nida«, sagt sie, »du bist verwirrt. Sonst wärst du nicht hier. Du suchst Klarheit. Und du bist verrückt. Du bist von dir weggerückt. Ein ganz schön großes Stück sogar. Weißt du, was ich meine?«

»Nein«, sage ich schlecht gelaunt.

»Du nennst es verrückt. Ich sage, du bist weggerückt, hast dich entfernt von dir, von deinem wahren Ich. Das ist nicht gesund.« Sie hält ihren Zeigefinger in die Höhe und macht eine verneinende Geste. »Deswegen fühlst du dich krank, obwohl du das große Glück hast, es noch nicht wirklich zu sein. Aber das ist nur eine Frage der Zeit. Du hast oft Kopfschmerzen, nicht wahr?«

Ich nicke mit großen Augen.

»Fühlst dich leer, energielos und magst die Dinge nicht, die du glaubst, tun zu müssen. Du hasst sie sogar, nicht wahr?«

Wieder nicke ich und bekomme allmählich Angst vor diesem hellseherischen Wissen der alten Schamanin.

»Du bist auf dem sicheren Weg, krank zu werden.«

Ich muss mehrmals kräftig schlucken.

Guai Yaga kichert. »Aber nun bist du ja hier. Und das ist eine gute Entscheidung deiner Seele gewesen. Sie will nicht mehr länger entgegen ihrer wahren Aufgabe leben.« Guai Yaga scheint anzunehmen, dass diese Worte für mich vorerst ausreichen. Sie nimmt schweigend ihre Schüssel in die Hand und isst weiter.

Ich bin fassungslos, sitze nur so da, zusammengesackt, als hätte man einen Stöpsel gezogen und die Luft aus mir herausgelassen. Guai Yagas Worte kreisen ohne Unterlass in meinem Kopf. Ich muss lange so vor mich hinstarrend dagesessen haben, denn als ich wieder zu mir komme, hat Guai Yaga längst den Tisch abgeräumt und sich ein Pfeifchen angezündet. Ich schaue auf, wie aus einer Ohmacht erwacht, und frage schwach: »Was habe ich hier zu suchen?«

Guai Yaga gibt mir meine Frage zurück: »Was hast du hier zu suchen?«

Ich zögere, in meinem Kopf sortieren sich langsam die Gedanken. »Ich suche – meine Erinnerung.«

Und sie sagt: »Ja. Du suchst deine Erinnerung. Und an was?«

»An mich.«

»Richtig.« Guai Yaga lächelt zufrieden.

TAG 2

An diesem Morgen gehe ich zum Tuul Gol. Ich setze mich auf einen großen Stein am Ufer. Das Wasser ist kristallklar. Ich sehe, wie kleine Fischschwärme gegen den Strom schwimmen. Es sieht so einladend aus. Ich entledige mich meiner Kleidung und setze vorsichtig einen Fuß ins Wasser. Der Fluss ist an dieser Stelle nicht tief, der Boden steinig. Langsam ertaste ich mir einen Weg in das eiskalte Nass, bis es mir an die Oberschenkel reicht. Ich höre mich juchzen, dann halte ich mich an einem großen Stein fest und lasse mich mit einem schrillen Schrei in das eisige Wasser gleiten. Mir bleibt für einen Moment die Luft weg, doch schon bald kann ich meinen Brustkorb entspannen und im Gleichklang mit dem Auf und Ab der Wellen atmen. Der Strom umfließt meinen Körper, spült alles davon. Es fühlt sich an wie ein reinigendes Bad auf allen Ebenen des Seins. So will ich es beginnen, mein neues Leben: rein gewaschen von allem Alten.

Ich habe einen festen Entschluss gefasst, gleich heute Morgen nach dem Aufwachen: Ab jetzt werde ich nur noch den Weg gehen, der wirklich der meine ist. Ich werde sein, wer ich bin. Weder Menschen noch äußere Umstände sollen mich von nun an daran hindern! Nur wer ich bin, das muss ich noch herausfinden. Bisher glaubte ich immer, es zu wissen. Doch seit jenem Tag ist alles infrage gestellt. Und seit ich hier bin erst recht. Nichts ist mehr in Ordnung. Es ist, als hätte mich ein Sturm mitgerissen, durchgeschüttelt und kurzfristig zu Boden geworfen. Nun stehe ich da, in meinem persönlichen Chaos, und muss mein Leben neu aufbauen, wie ein Haus, Stein für Stein. Nein, eigentlich muss ich nicht, aber ich will. Und ich spüre deutlich: Ich will wirklich!

Wer bin ich? Was ist meine Aufgabe in diesem Leben? Was ist meine Gabe, die mir dabei hilft, diese Aufgabe zu erfüllen? Guai Yaga hat heute Morgen zu mir gesagt: »An diesem Tag sollst du deinem wahren Ich näher kommen. Du sollst in dich hineinschauen, um dich daran zu erinnern, wann und wodurch du vergessen hast, wer du bist. Jede Seele hat ihre Lebensaufgaben. Eine persönliche und eine spirituelle. Die große spirituelle Aufgabe begleitet dich durch alle Leben, und die persönliche hast du noch in diesem Leben zu erfüllen.«

»Wie soll ich herausfinden, was meine Aufgabe ist?«, habe ich gefragt. Daraufhin sagte die Schamanin nur: »Du kennst deine Aufgabe für dieses Leben, seit du ein kleines Mädchen warst. In den ersten sieben Lebensjahren ist die Erinnerung an vergangene Leben und die dazugehörigen Gaben, Abneigungen und Ängste noch stark vorhanden. Du musst dich nur erinnern. Deine Aufgabe ist das, was du immer tun wolltest oder vielleicht auch schon damals getan hast. Eben das, worin du reine Glückseligkeit findest, sie ist deine allertiefste Sehnsucht, deine Idee vom Leben. In ihr findest du dein wahres Gesicht. Wenn du es gefunden hast, folge ihm, und du wirst glücklich und gesund sein. Leiste den Dingen Widerstand, die dich daran hindern, die dich lähmen. Und zwar so lange, bis du dein Leben nach deinen tatsächlichen Vorstellungen gestaltet hast. Nach den Vorstellungen deiner Seele.«

Mein Körper ist eiskalt. Aber er fühlt sich sauber an. Sauber wie nie zuvor. Vorsichtig stakse ich aus dem Flussbett heraus und setze mich auf einen großen Stein. Ich lasse mich von der Morgensonne trocknen.

»Bitte den Fluss und die Steine, zu dir zu sprechen«, hatte Guai Yaga gesagt. »Sie können dir helfen, eine Antwort zu finden. Aber du musst darum bitten und in dir still werden. Lausche dem, was kommt.«

Für mich bedeuten diese Worte, dass ich mich auf einen Stein setzen und meditieren soll. Das klingt ganz wunderbar für mich. Ich bin in der richtigen Stimmung, heute meinem wahren Ich zu begegnen. Also schließe ich die Augen und versuche, mich gedanklich ganz leer zu machen. Ich nehme eine aufrechte Haltung ein und beginne, tief ein- und auszuatmen. Meine Füße ruhen auf einem kleineren Stein vor mir. Ich habe es bequem und werde nun ganz still in mir.

Ich überlege, wie mein Anblick auf einen Außenstehenden wirken mag. Eine meditierende nackte Frau mittleren Alters auf einem Stein. Ich muss über die Vorstellung schmunzeln, doch dann lasse ich den Gedanken sofort weiterziehen. Ich werde wieder still.

Mein Hintern beginnt zu kribbeln. Ich rutsche ein wenig herum und ändere meine Position. Dann werde ich wieder still. Ich atme ein, ich atme aus.

Mein Kopf juckt. Ich kratze schnell. Ich atme ein, ich atme aus.

Ich denke an meine Arbeit. »Fort damit!«, schimpfe ich innerlich, schon leicht verzweifelt. »Raus aus meinem Kopf!«

Ich weiß nicht, wie ich atmen soll. Ich ändere erneut meine Position. Nun geht es besser. Die Sonnenstrahlen brechen durch die Zweige der Bäume und streicheln sanft und warm meine Haut. Ich fühle mich gut und werde langsam wieder still.

Dann denke ich an die Zimmerpflanzen in meiner Wohnung, die allmählich verdursten und vermutlich schon tot sein werden, wenn ich in drei Wochen wiederkomme. Ich verdränge den Gedanken energisch und versuche, meinen Geist mit Zählen zu beruhigen.

Eins, zwei, drei, vier … Ich habe ja nur zwei Zimmerpflanzen … Fünf, sechs … Mit was für Nöten die Menschen heute wohl zu Guai Yaga kommen? … Sieben, acht … Hör auf, an alles Mögliche zu denken! … Eins, zwei, drei … Krabbelt da eine Ameise auf meinem Fuß? … Eins, zwei, drei, vier … Ich ändere meine Sitzposition … Eins, zwei, drei, vier … Wieso ist es so schwierig, an nichts zu denken? … Eins, zwei … Mein Kollege, wie konnte ich ihn nur anlügen? Ob er es rauskriegt? … Drei, vier … Habe ich zu Hause eigentlich die Fenster geschlossen? … Eins, zwei … Ich hätte zumindest meiner besten Freundin Claudia sagen sollen, dass ich in die Mongolei reise … Drei, vier … Mein Hintern tut weh … Eins, zwei … Verdammt! Nun werde doch endlich still! … Eins, zwei, drei, vier, fünf, sechs … Mir ist kalt.

Nach anderthalb Stunden gebe ich auf. Ich nehme meine Kleidung vom Boden und ziehe mich an. Ich bin frustriert. So komme ich nicht voran! So werde ich meinem wahren Ich nie begegnen! So reichen siebzehn Tage nie! So nicht! Wie soll ich auf eine höhere Eingebung hoffen, wenn ich nicht mal aufhören kann, an meine Zimmerpflanzen zu denken? Guai Yaga wird sehr enttäuscht von mir sein. Ich bin enttäuscht von mir. Missmutig kehre ich zurück, um mir bei Guai Yaga Hilfe zu holen.

Doch schon von Weitem erkenne ich, dass ein Auto und zwei Pferde vor der Jurte stehen. Die Schamanin scheint sehr beschäftigt zu sein. Ich will sie nicht nur wegen einer Laune bei der Arbeit stören. Aber das bedeutet auch, dass ich mit meinem Anliegen bis zum Abend warten muss. Und das ausgerechnet jetzt, wo ich mich als spirituelle Versagerin fühle. Schon beim »kleinen Einmaleins«, einer einfachen Meditation, scheitere ich. Die Schamanin wird viel Arbeit mit mir haben. Ich wende mich ab und beschließe, einen Spaziergang zu machen.

Gestern war es besser, denke ich. Da war ich schon weiter. Ich habe mich fast selbst wie eine Schamanin gefühlt, allein mit dem Yak. Und wie ich mit ihm kommunizierte, das war schon fast überirdisch. Heute bin ich wieder ganz einfach die alte, von Unruhe getriebene Nida. Vor lauter Enttäuschung trete ich gegen einen kleinen Stein, der daraufhin einige Meter durch die Luft fliegt. Meine schlechte Laune ist dabei, mein Denken vollständig zu bestimmen. »Ich verschwende meine Zeit hier«, schimpfe ich. »Und Guai Yaga verschwendet ihre Zeit mit mir.«

Vielleicht ist meine höhere seelische Aufgabe auch genau das, nämlich in diesem Leben kläglich zu scheitern. Das haben mir die Steine verraten, stelle dich den Tatsachen, Nida. Ich könnte heulen, da höre ich plötzlich in der Ferne Geräusche. Regungslos bleibe ich stehen und lausche. Es ist ein lang anhaltendes, rhythmisches Klopfen, zart und federnd zugleich. Ich kann es nicht einordnen, doch ich höre, wie es näher kommt. Jetzt weiß ich, aus welcher Richtung. Ich wende mich um und erstarre. Der Anblick ist so wunderschön, sprichwörtlich atemberaubend. Mehrere Tausend Gazellen hasten in großen Sprüngen an mir vorbei – Gazellen. Ich bin sprachlos, dankbar für diesen Augenblick. Die Tiere wirken nicht ängstlich oder verschreckt auf mich, sie scheinen es auf ihre Art einfach eilig zu haben. Auch dass ich hier stehe und ihnen zuschaue, wie sie voller Lebensfreude elegant durch die Luft schnellen, scheint sie nicht weiter zu stören. Doch der Moment dauert nicht lange, dann ist die Herde fort, und von ihr ist nur noch eine aufgewirbelte Staubwolke zu sehen, die mich langsam und lautlos erreicht, als ich noch immer still und ungläubig dastehe und in die Richtung schaue, in welche die Tiere entschwunden sind. Wäre ich eine Gazelle, kommt es mir in den Sinn, dann wäre meine Lebensaufgabe klar und einfach umrissen.

Ich bin tief berührt von diesem Erlebnis. Ich setze meinen Weg fort und nehme das Gefühl mit. Langsam wird mir bewusst, wo ich mich befinde: an einem der schönsten Orte dieser Erde. Ich bin umgeben von unberührter Natur. Die Mongolei ist groß und dünn besiedelt. Hier zu leben, bedeutet, im Einklang mit diesem Land zu sein, sich ihm mit ganzer Seele hinzugeben, egal, ob Mensch, Steinadler oder Murmeltier.

»Ich sehe, du hast heute viel verstanden«, sagt Guai Yaga am Abend zu mir. »Nicht wahr?«

Ich zögere. »Eigentlich habe ich nicht das Gefühl. Es ist sehr schwierig, Innenschau zu betreiben.«

»Ach«, sie macht eine abwertende Handbewegung, »du bist streng zu dir. Hast große Erwartungen und weißt nicht, woran du glauben sollst. Du kommst aus einer anderen Welt. Für uns ist es einfacher. Wir glauben an die Natur, die uns umgibt. An die Erde, die unser Lebensraum ist und die uns nährt. Und wir glauben an die große Quelle, die alles erschaffen hat und die ihr Gott nennt. Ein Tropfen dieser Quelle ist in allem. In den Steinen, in den Flüssen, in den Pflanzen, den Bäumen, den Tieren, in der Luft, die du atmest, in der Erde, die unsere Mutter ist, und ein Tropfen ruht auch in dir.«

Ich schaue Guai Yaga zweifelnd an. Sie kichert. »Ja, glaube mir ruhig. Und du hast heute angefangen, das zu erkennen. Das ist doch schon sehr viel für den zweiten Tag. Unser Glaube ist mit der Natur um uns herum verbunden, in ihr finden wir Gott. In eurer Kultur ist das ganz anders. Deswegen ist es so schwer für dich. Und du musst wie ein Kind ganz von vorn anfangen. Doch was ich dich lehre, ist das Ursprünglichste überhaupt. Und dahin zurückzukehren, bedeutet letztendlich, auch zu dir selbst zurückzukehren. Also Nida, ich frage dich: Wer bist du?«

Ich stochere nervös in meinem Gerstenpfannkuchen herum.

»Ein Mensch!?« Meine Antwort klingt eher wie eine Frage und hört sich in meinen Ohren ziemlich dumm an.

»Schon mal richtig.« Die Schamanin schmunzelt. »Du bist ein Mensch, doch nicht viel mehr.«

Ich schaue empört, Guai Yaga grinst. »Aber auch nicht weniger«, fügt sie hinzu. »Also, was unterscheidet dich von einem Khulan?«

»Von was?«

»Von einem Khulan, einem mongolischen Wildesel. Er lebt in der Wüste Gobi. Also, was unterscheidet dich von ihm?«

Die Frage überfordert mich. »Ich weiß nicht ... Schon eine ganze Menge, würde ich sagen!«

»Ja, das denkst du. Doch das ist die europäische Sichtweise. Das musst du denken, alles andere entspräche nicht deiner Weltanschauung. Doch der Esel und du, ihr lebt auf derselben Erde, atmet dieselbe Luft. Du hältst dich für klüger, doch du würdest in der Wüste sterben, er nicht. Gut.« Guai Yaga scheint zufrieden zu sein mit dem Verlauf unseres Gespräches. »Was unterscheidet dich von einem Baum?«

»Ich weiß nicht.« Ich fühle mich an den Pranger gestellt. »Ich denke, der Baum und ich sind von Grund auf verschieden.«

Guai Yaga lächelt und reibt sich die faltigen Hände. »Aus deiner Sicht seid ihr verschieden. Doch nicht aus unserer. Der Baum ernährt sich von Wasser und Licht. Dieselbe Nahrung, die auch du benötigst. Auch du würdest ganz sicher sterben, wenn beides fehlte. Begreifst du langsam?«

Ich nicke. Das tue ich.

»Wenn ein Schneeleopard seine Beute reißt, dann tut er das hingebungsvoll. Wie ist das bei dir? Hast du der Erdseele für diesen Pfannkuchen gedankt?«

»Der Erdseele?« Mir schwirrt der Kopf. »Guai Yaga, verlangst du nicht ein wenig viel von mir? Ich bin doch nur eine durchschnittliche deutsche Frau.«

»Ja, der Erdseele.« Die alte Schamanin bleibt hartnäckig. »Die Erde hat ein Bewusstsein. Danke ihr dafür, dass du hier sein darfst, und dafür, dass sie dich nährt.«

»Gut«, sage ich, bereit für eine Diskussion. »Tiere haben ein Bewusstsein. Vielleicht auch Pflanzen und Bäume. Aber die Erde? Ich weiß nicht.«

»Oh Nida«, sagt Guai Yaga amüsiert, »du hast den großen Zusammenhang des Ganzen doch noch nicht verstanden.« Sie schiebt die Teller beiseite und nimmt meine Hände in ihre. Dann blickt sie mich durchdringend an. »Wir kommen aus dem Wasser der Erde, aus den Urgewässern. Wir haben das Stadium des Einzellers hinter uns gelassen, und wir haben Intelligenz und Bewusstsein erlangt. Pflanzen und Tiere kommen aus demselben Wasser. Auch ihnen sprichst du ein Bewusstsein zu. Aber die Erde, die uns schuf, aus der alles kommt, die hat kein Bewusstsein und keine Intelligenz? Wie kann das sein?« Die Schamanin lässt meine Hände los und lacht laut auf, ja, sie schüttelt sich geradezu aus vor Lachen über so viel Begriffsstutzigkeit meinerseits.

Ich fühle mich dumm. Ich komme mir vor wie ein Schulkind aus der ersten Klasse, das das Einmaleins nicht verstehen will. Ich bin gebildet, habe studiert, doch diese einfache schamanische Weltanschauung ist mir neu und fremd. Oder soll ich sagen, meinem Verstand ist sie fremd? Habe ich nicht in den letzten beiden Tagen zum ersten Mal gespürt, was es bedeutet, in der Welt, die mich umgibt, aufgehoben und geborgen zu sein? Ist mir dieses Gefühl nicht ganz alt und vertraut erschienen? Habe ich mich nicht dazugehörig und als ein Teil der Schöpfung gefühlt? Die mongolische Landschaft und auch die Worte der Schamanin beginnen, dieses Bewusstsein in mir zu wecken. Doch mein europäischer Kopf will immer noch zweifeln.

»Es ist in Ordnung, Nida«, sagt Guai Yaga plötzlich sanft. Ihre kleinen schwarzen Augen schauen mich liebevoll an. »Du hast wirklich schon viel erkannt. Du bist schnell im Nachholen deiner Entwicklung.« Und jetzt kichert sie leise. »Um deinem wahren Ich zu begegnen, musst du den stillen Ort in dir finden. Und damit das leichter für dich ist, wirst du morgen die Nacht draußen verbringen.«

TAG 3

Die späte Nachmittagssonne scheint warm auf mich nieder. Ich habe Airag dabei. Guai Yaga hat gesagt, mehr Proviant würde ich nicht brauchen, außerdem könne der ungeladene Gäste anlocken.

Ich habe zwei dicke Decken aus Wollfilz unter meinen Arm geklemmt. Die Nächte seien nicht mehr so kalt, beruhigte mich die Schamanin am Vorabend, als ich zaghaft Einwände gegen diese Tagesaufgabe hervorbrachte. Es sei weniger die Kälte, begehrte ich auf. Aber Guai Yaga machte mir deutlich, dass dieses Ritual für meine Entwicklung unerlässlich sei. Sie selbst habe auf ihrem langen, steinigen Weg zur Schamanin etliche Nächte allein draußen verbracht, und sie habe dabei mehr als einmal ihrem inneren Wolf angstvoll ins Gesicht geschaut. Aber genau das sei Sinn und Zweck dieser Aufgabe. Manche Schamanen, erklärte sie mir, ließen sich sogar eingraben, um vollkommen eins mit der Erde zu werden und sich dadurch ganz und gar den ersehnten Visionen zu öffnen. Das vermehrte meine Begeisterung für diese Lektion nicht. Ich habe nie den Wunsch geäußert, Schamanin werden zu wollen, sagte ich daraufhin. Doch Guai Yaga entgegnete nur knapp, dass es nicht um meine persönlichen Wünsche gehe, sondern darum, das zu werden, was ich bin. Denn dafür sei ich doch schließlich hier.

Ich denke über ihre Worte nach, während ich langsam zu dem Wäldchen am Fuße des Plateaus gehe. Sie lösen ziemlich gemischte Gefühle bei mir aus. Zu dem werden, was ich bin, kann so ziemlich alles bedeuten: noch verrückter, noch unglücklicher, noch abgestumpfter … Aber auch eine Entwicklung in die andere, weitaus erfreulichere Richtung halte ich für möglich.

Nun werde ich also eine Nacht allein draußen im Wald verbringen. Ich muss verrückt sein. Na ja, ein schiefes Lächeln huscht über meinen Mund, irgendwie passt ja alles zusammen. Es ist unmöglich, Guai Yaga nicht blind zu vertrauen. Mir wird bewusst, dass ich mich diesem Land, diesem Leben und dieser alten Mongolin längst hingegeben habe. Mittlerweile schlafe ich in der Jurte fantastisch, auch ohne Ohrstöpsel. Meine Kopfschmerzen sind bis jetzt nicht wiedergekommen. Ich säubere jeden Morgen mit Hingabe die Viehweide, melke mit Liebe den Yak und danke tatsächlich, wenn auch noch ein wenig still und für mich, morgens der Erdseele für die Hirse und dem Fluss für sein Trinkwasser. Ich erledige meine Notdurft wie ein Tier in der Steppe. Ich stehe manchmal minutenlang auf staubiger Erde und lausche verzaubert den Geräuschen um mich herum, während der Wind sanft über mein Gesicht streichelt. Ich bin glücklich hier, ich kann es nicht anders sagen. Diese Erkenntnis zwingt mich in die Knie, und ich fange an zu weinen. Das Ende meines alten Lebens ist gerade mal eine Woche her, und es ist mir schon so fremd geworden, als wäre es gar nicht mehr meins. Noch vor einer Woche hätte ich als Antwort auf die Frage, ob ich glücklich bin, laut aufgelacht.

»Ich will nicht zurück«, höre ich mich jammern und erschrecke mich im selben Moment. Ich höre auf zu weinen, wische mir die Augen trocken und stehe auf. Mein Gott, was habe ich denn da gesagt? Ich lasse den Gedanken schnell weiterziehen.

Wie ein Zauberwäldchen kommt mir das kleine Gehölz vor. Alte Kiefern, Weißdorn und Wacholder reihen sich aneinander. Ich gewinne fast den Eindruck, als wäre es ganz bewusst so angepflanzt worden. Von Guai Yaga vielleicht, aber das kann doch eigentlich nicht sein, oder? Die Schamanin hat mir am Morgen gesagt, das Wäldchen sei ein besonderer Ort. Ich solle Vertrauen haben und mich zu dem für mich bestimmten Platz führen lassen. Führen lassen – das ist wieder so eine schamanische Doppeldeutigkeit, die ich nicht auf Anhieb verstehe. Ist das symbolisch gemeint, oder gibt es dort womöglich tatsächlich etwas, was mich leitet und mit mir kommuniziert? Ich werde ein wenig ängstlich, traue mich plötzlich nicht mehr, einfach so in das Wäldchen hineinzugehen.

Vor zwei großen alten Eiben, die mir vorkommen, als seien sie das Tor zum Wald, bleibe ich andächtig stehen. Ich lege mein kleines Gepäck auf einen Felsen und sage schüchtern: »Hallo.« Lauschend halte ich inne. Doch niemand antwortet. Ich sage noch einmal: »Hallo, ihr lieben Bäume.« In der mongolischen Wildnis braucht einem nichts peinlich zu sein, das habe ich mittlerweile gelernt. Außer vielleicht vor einem selbst.

Nun, da ich den Wald begrüßt habe, will ich meine Sachen nehmen und endlich hineingehen. Doch ich zögere. Die beiden Bäume stehen vor mir wie zwei alte Weise. Sie sind die Hüter des Waldes, kommt es mir in den Sinn, sehr schön und erhaben. Ihre Rinde ist alt, ein wenig zerfurcht, aber die Stämme sind stark. Ihre dünnen Zweige, voll grüner Nadeln, neigen sich mir sanft entgegen. Ich berühre vorsichtig einen niedrigen Ast, und endlich beginne ich, den Wald wirklich zu spüren. Alles hat ein Bewusstsein. Guai Yaga hat recht. Ich beginne zu verstehen. Noch einmal begrüße ich diesen Ort, und diesmal tue ich es in Liebe und voller Freude, hier sein zu dürfen, um weitere Erkenntnisse über mich zu gewinnen. Für die bevorstehende Nacht bitte ich um ein gutes Plätzchen, das geeignet für meine Vision ist.

Wahrscheinlich bilde ich es mir ein, oder es liegt daran, dass die schamanische Mentalität allmählich auf mich abfärbt, jedenfalls fühle ich mich plötzlich zurückgegrüßt und eingeladen, hereinzukommen. Die Botschaft ist wie ein Bild in meinem Kopf, eine innere Stimme, der meinen nicht ganz unähnlich. Sie sagt, ich solle mich links halten. Gut. Ich nehme meine Sachen, bedanke mich für die Botschaft und betrete den Wald. Es ist ein helles Wäldchen, voller Lichtungen und sandig-felsigem Boden. Es kommt mir vor, als zögen sich kleine Wege durch den Wald. Sie könnten Spuren von Guai Yaga sein, vielleicht aber auch von ihren anderen Schülern, die, genau wie ich, den traditionellen Auftrag erhielten, eine Nacht hier zu verbringen. Ich muss lachen. Vielleicht sind es auch Fährten von wilden Tieren. Mein Lachen verstummt genauso schnell wieder, wie es mich überkommen hat.

Ich halte mich links und streife ein wenig ziellos umher, ständig nach einem für mich vorbestimmten Plätzchen Ausschau haltend. Das ist nicht so einfach. Ich stelle fest, dass ich sehr wählerisch sein kann, wenn es viele Möglichkeiten gibt. Vielleicht dort, auf der Lichtung, an der großen Kiefer? Ich bin unentschlossen. Ist der Platz auf dem flachen Stein mit der Mulde besser geeignet, um Visionen zu empfangen? Vor mir steht ein Reh. Einen Moment lang starren wir uns an. Ich bin vor Schreck genauso entsetzt wie das Tier. Dann eilt es mit großen Sprüngen davon und verschwindet im Dickicht. Ich atme geräuschvoll aus und gehe suchend weiter. Vielleicht zwischen den Wacholderbüschen?

Nach einer halben Stunde komme ich wieder zu den beiden Eiben und stelle fest, dass ich einmal im Kreis gelaufen bin. Überrascht über meine schlechte Orientierung, lasse ich meine Wolldecken zu Boden fallen. Bin ich wirklich einmal um das Wäldchen gegangen? Seltsam. Aus dem Wald ertönt ein leises Rascheln, und es kommt mir vor wie ein Kichern.

»Ihr lacht doch nicht etwa über mich?«

»Hast du keinen Humor, Nida?«

»Doch, doch, also noch mal von vorn. Ich gehe nach links. Und jetzt?«

»Weiter, weiter.«

»Also schön.«

»Und nun zur Mitte.«

Ich schlage den Weg nach rechts ein, stolpere über eine Baumwurzel und höre wieder dieses Kichern. »Ich wusste gar nicht, dass es in einem Wald so spaßig zugeht.«

»Wir mögen Gäste.«

»Gut.« Ich gehe weiter, ein wenig vorsichtiger, um nicht noch mal Opfer irgendeines Koboldes zu werden. Ein Weg ist nicht mehr zu erkennen. Die Büsche sind dicht zusammengewachsen, Ilex zerkratzt mir die Hände. Vorsichtig setze ich einen Fuß vor den anderen und kämpfe mich durch das Dickicht.

»Bleib stehen.«

»Was nun?«

»Ein kleines Tier zeigt dir den Weg.«

»Aha.« Ich glaube nicht so recht daran und gehe noch einen Schritt weiter. Ein lautes, hohes Fiepen ertönt. Fast wäre ich auf eine Maus getreten, die schimpfend vor mir herhuscht, um schließlich zwischen zwei Wacholderbüschen zu verschwinden.

»Okay«, sage ich und folge der Maus. Ich schiebe die Zweige mit meinen Händen auseinander, hier endet das Dickicht. Vor mir liegt eine Lichtung. In ihrer Mitte, in einen breiten Strahl Sonnenlicht getaucht, leuchtet ein halbhoher, glatter Felsen, auf dem, wie in einem Märchen, ein alter, knorriger Weißdornbaum wächst. Ich bin begeistert, berührt.

»Danke«, sage ich glücklich, lege meine Sachen nieder und gehe einmal um diesen, wie es mir scheint, heiligen Ort herum. Ich streiche langsam mit meinen Fingern über den Felsen, der mir wie ein versteinertes Wesen vorkommt. Er ist sonnenwarm, groß und breit. Auf ihm will ich heute Nacht schlafen. Um das andere Ende des Steines krallen sich die dicken Wurzeln des Weißdorns, umfassen ihn ganz, als würden sie ihre Lebensenergie aus dem Stein beziehen und nicht aus dem Erdreich. Der Baum ist uralt. Nie zuvor habe ich so etwas gesehen. Stein und Weißdorn sind eins. Miteinander verwachsen, verbunden. Ich berühre die knorrige Rinde des Baumes, die Äste, gleite vorsichtig mit den Fingern über die Dornen.

»Was für ein wunderschöner Ort. Ich grüße dich. Hier möchte ich die Nacht verbringen.«

Ich lausche. Der Platz scheint einverstanden zu sein, ich fühle mich willkommen. Es kommt mir vor wie ein Zauber, dass ich zu dieser Stelle geführt worden bin. Langsam setze ich mich auf den Felsen, den Weißdornstamm wie eine Lehne im Rücken. Die tiefe Abendsonne fällt schräg durch die Wipfel der Bäume und taucht mich in ein warmes Licht.

Ich trinke mein Airag und lasse die Umgebung auf mich wirken. Ich bin stolz, dass ich so mutig bin und mich auf diese Nacht allein im Wald einlasse. Ich fühle mich, als wäre ich der allererste Mensch auf der Erde.

Ich schließe die Augen und stelle mir vor, dass auch ich mit dem Stein verwachse, mit dem Baum und mit der Erde. Ich bin eins. Ich bin. In mir ist Stille, Weisheit und … Liebe. Ich fühle mich meinem Ich plötzlich so nah wie nie. Welchem Ich? Dem uralten Teil meiner Seele, der einfach nur sein will, nichts weiter. Ich bin still in mir und selig. Ich empfinde reines Glück. Der Abend kommt. Die Nacht.

Ich breite meine Decken aus und lege mich zum Schlafen auf den Stein, den Kopf auf einer flachen Weißdornwurzel ruhend.

Über mir breiten sich Sterne aus, wie ich sie noch nie in einer solchen Fülle gesehen habe. Sie umspannen mich wie ein Zelt. Es ist, als würde die gesamte Schöpfung in diesem Moment nur auf mich schauen, ganz liebevoll, wie auf ein Kind, das zurückgekehrt ist – zurück nach Hause.

Ich schließe die Augen, der nächtliche Wald ist still. Mein Brustkorb hebt und senkt sich und mit ihm der Stein. Wir atmen zusammen, im selben Rhythmus. Ich schlafe ein, oder bin ich noch wach? Ich sehe mich plötzlich über dem Stein schweben. Ich sehe mich unter meiner kratzigen Decke liegen und spüre noch immer die Wurzel des Weißdorns hart im Nacken.

Dann renne ich durch den Wald, kraftvoll und leicht, in großen Sprüngen – wie ein Reh. Ich bin ein Reh. Ich springe nicht. Ich flüchte, ich laufe davon, hetze durch den Wald, doch immer im Kreis. Das macht mir Angst. Ich verharre hinter einem Busch, will mich verstecken, will ausruhen, doch ich werde entdeckt, überall werde ich entdeckt und flüchte weiter, voller Angst. Dann, plötzlich, sehe ich die Gestalt, der ich nicht entkommen kann, vor mir. Sie steht nur so da, schwarz und bedrohlich. Ich schaue mich furchtsam um. Links und rechts sind hohe Felsen, auch hinter mir schiebt sich eine Wand vor. Es gibt keinen Fluchtweg mehr. Die Gestalt kommt näher. Ich werde panisch, zittere, will auf der Stelle sterben und … Nein, ich will nicht sterben! Über mir die Nacht. Die Sterne sind weg. Ich schreie. Es ist ein fremder Ton, der aus meiner Kehle kommt. Der Ton eines leidenden Tieres. Die Gestalt hält inne. Ich erkenne im Dunkeln das Gesicht – es ist mein Gesicht.

»Du willst wissen, wer du bist?«, fragt die Gestalt. »Das weißt du doch.«

»Ich verstehe nicht«, antworte ich.

»Dein wahres Ich ist in dir. Du weißt es. Du hast es mitgebracht in dieses Leben. Aber lebst du es?«

»Ich weiß nicht.«

»Nein, du lebst den Plan deiner Seele nicht. Der Weg ist hier zu Ende. Du musst sterben und neu geboren werden. Sterben, um zu werden, was du bist.«

»Ich habe Angst.« Die Erde zittert unter meinen Füßen. »Ich habe Angst!«, schreie ich. Um mich herum stürzen dunkle Wände zusammen. Alles fällt zusammen. Steine und Schlamm, wie schwarze Lawinen. Die Gestalt vor mir wird davon begraben, doch ich selbst auch. Mein Körper erstickt unter der feuchten, dunklen Erde. Ich kann nicht mehr atmen, ich kann mich nicht mehr bewegen. Alles wird schwarz; ich sterbe. Ich wehre mich dagegen und bin doch schon tot.

Plötzlich ist alles still und reglos. Ich bin noch da. Ich weiß zwar nicht, wo, aber ich bin noch da. Es kribbelt in meinen Füßen, in meinen Händen, es kribbelt in meinem Kopf … Es ist unerträglich! Ich fahre hoch – und bin wach.

Wo bin ich? Ich starre auf meine Hände. Sie zittern. Über mir noch immer die leuchtenden Sterne. Ich bin im Wald, auf einem Stein, am Weißdornbaum. Ich bin allein. Oh mein Gott! Mein Unterkiefer zittert und auch meine Knie. Ich umfasse sie eng. Angstschauer durchjagen mich. Bin ich wach? Ich ziehe die Decken fest um mich, mir ist kalt. Ich bebe und kann mich gar nicht mehr beruhigen. Im düsteren Unterholz knackt es. Ich fahre erschrocken zusammen. Wie viele Stunden habe ich geschlafen? Es ist mitten in der Nacht. Und ich bin in diesem Wald. Außer mir gibt es keinen Menschen hier. Wohin ich jetzt auch gehe, überall ist Dunkelheit und Wildnis. Es gibt keine Straße, keine Stadt. Irgendwo ist Guai Yaga, aber ich weiß nicht mal, in welche Richtung ich gehen müsste. Ich kann nicht weg, muss hier bleiben, muss ausharren.

Wieder ein Geräusch. Mein ganzer Körper schüttelt sich vor Angst. Irgendetwas streift durch das Unterholz, ein Tier. Dann ist es wieder still.

Ich höre mich jammern, weiß nicht, wovor ich mich fürchte, doch mein ganzer Körper ist Angst, reinste, beinah kindliche Angst. Dämonen und Geister greifen mich an. Ich halte mir die Ohren zu und ziehe die Decke fest über meinen Kopf. »Ich will nach Hause«, höre ich mich klagen. Schweiß läuft mir langsam den Rücken herunter.

Ich will nach Hause. Ich sitze mit angezogenen Knien da und wiederhole ständig denselben Satz, die Augen und Ohren fest vor der Dunkelheit und den Geistern verschlossen. Mein Rücken beginnt zu schmerzen, doch ich bin nicht in der Lage, meine Position zu verändern. Ich harre aus, zusammengekrümmt unter meiner Decke.

Die Zeit vergeht nicht. Ich versuche, zu singen, doch ich bekomme kaum Luft. Ich zähle. Eins, zwei, drei, vier, fünf, sechs, sieben, acht, neun, zehn, elf, zwölf, dreizehn, vierzehn, fünfzehn … Bei sechzig fange ich wieder von vorn an. Das tue ich sechzigmal. Eine Stunde ist um.

Ich fange von vorn an. Eins, zwei, drei, vier, fünf … Das Zittern lässt allmählich nach. Ich zähle weiter. Ich höre ein Geräusch … Sechsundfünfzig, siebenundfünfzig, achtundfünfzig, neunundfünfzig … Ich zähle und zähle, als ginge es um mein Leben.

Die zweite Stunde ist um. Ich brauche Luft! Ich wage es tatsächlich, die Decke einen Spalt weit zu öffnen und einen Blick in die Finsternis zu werfen. Meine Haare kleben mir nass auf der Stirn. Ich atme tief durch, meine Lungen frohlocken. In den Büschen entdecke ich Gestalten. Mein Herz klopft. Eingeengt durch die gekrümmte Haltung, setzt es aus, um dann umso heftiger weiterzuschlagen. Schnell verstecke ich mich wieder unter der Decke. Eins, zwei … Was tue ich hier? Warum bin ich nicht zu Hause? Warum habe ich mein Gedächtnis verloren? Warum meinen Verstand? Wofür ist das alles gut? Ich werde morgen zurückfliegen und einen Arzt aufsuchen. Ich werde mein Leben weiterleben. Mein altes Leben. Ich werde meinen Kollegen die Situation erklären. Ich werde eine Therapie machen. Ich werde eine Familie gründen – achtundvierzig, neunundvierzig …

»Nida, es geht nicht mehr zurück! Wer einmal den Weg beschritten hat, wird ihn weitergehen. Du bist endlich aufgewacht. Du kannst nicht mehr einfach weiterschlafen!«

Ich denke an das kleine Mädchen. Es ist sieben Jahre alt. Ich bin sieben Jahre alt. Wir mögen uns und spielen fast jeden Tag zusammen. Ich klingele bei ihr, ihre Mutter öffnet, und meine Freundin kommt die Treppe heruntergelaufen. Ihre Mutter geht zurück ins Wohnzimmer. Immer hört sie dieselbe Musik, und immer hat meine Freundin das kleine Schaf dabei, wenn wir uns treffen.

Wir streifen über die Wiese am Ende unserer Straße, wir laufen den kleinen Hügel hinauf und spielen Prinz und Prinzessin. Die Prinzessin hat ständig Kopfweh. Ich bin der Prinz, und ich halte immer das Schwert in meiner Hand, um sie damit vor allem Übel zu bewahren. Ich erfülle meine Aufgabe gut, mit ganzer Hingabe.

Eines Tages klingele ich wieder. Die Tür geht auf, ich höre dieselbe Musik wie immer. Ihre Mutter schaut mich an. Sie ist blass und hat rote, verquollene Augen.

»Sie kommt heute nicht zum Spielen«, sagt sie.

Ich frage: »Und morgen?«

»Nein«, sagt sie wieder. »Sie kommt gar nicht mehr.«

»Warum?«, will ich wissen. Die Mutter weint. Ich bin erschrocken.

»Die Krankheit ist in ihrem Kopf«, sagt sie. »Nicht zu heilen.«

Ich renne den Hügel hinauf, das Schwert voran. Ich bin böse, rufe zornig die Krankheit, damit sie sich mir stellt. Ich kämpfe mit ihr, schlage das Schwert wütend hin und her. Ich bin sicher, dass ich stark genug bin, sie zu besiegen, um so auch diesmal die Prinzessin zu beschützen, wie es meine Aufgabe ist. Ich fechte und schlage, bis ich müde und durchgeschwitzt bin. Dann gehe ich nach Hause. Ich bin guten Mutes. Ich weiß, ich habe es geschafft. Doch ich habe es nicht geschafft. Ich habe meine Freundin nie wiedergesehen.

Ich lausche in die Stille hinein. Heilerin wollte ich seit damals werden, seit meinem siebten Lebensjahr. Doch Krankheiten besiegt man nicht mit dem Schwert, habe ich mittlerweile gelernt. Bis heute stelle ich das Radio ab, wenn ich die Musik von damals höre. Später habe ich mir ein Schaf gewünscht. Ich habe es auf dem Hügel begraben.

Ein Vogel singt. Ein Vogel? Ich strecke meinen Kopf unter der Decke hervor. Der Morgen graut. Ein heller Lichtstreifen leuchtet im Osten. Ich erhebe mich langsam, strecke meine Glieder. Meine Beine wollen kaum stehen. Ich bin erschöpft, taumelig. Doch die Nacht ist um, ich habe es geschafft! So richtig freuen kann ich mich jedoch nicht darüber. Ich packe meine Decken zusammen und bedanke mich fahrig bei meinem Schlafplatz.

Von wo bin ich gekommen? Mit steifen Schritten gehe ich langsam in die Richtung, in der ich den Weg vermute, der mich hoffentlich hier wieder herausführt. Ich teile die piksigen Sträucher, und wieder schrecke ich ein Mäuschen auf. Auch ein paar Vögel schimpfen über meine Anwesenheit. Gedankenlos gehe ich weiter, schläfrig einen Fuß vor den anderen setzend.

Nach wenigen Minuten komme ich bei den Eiben an. Ich sehe die Sonne im Osten aufgehen und das Land in ein unwirkliches Licht tauchen.

TAG 4

Ich sehe Rauch in der Ferne aus Guai Yagas Jurte aufsteigen. Noch immer zittern meine Beine, ich taumele voran und schaffe den Weg zurück nur mit Anstrengung.

Ich sehe die Jurte vor mir, und meine ganze Sehnsucht gilt in diesem Moment dem kleinen mongolischen Häuschen.

Ich bin noch nicht ganz da, als die Schamanin schon die Tür öffnet.

Sie lächelt, schaut mich mit zusammengekniffenen Augen lange an. »Du siehst gut aus!«, sagt sie dann.

Ich glaube, sie sagt das nur, um mich zu trösten. Auf dem Weg zu meinem Bett komme ich an einem kleinen Spiegel vorbei. Bin ich das? Ausdruckslos schaut mir mein Gegenüber entgegen. Tiefe Schatten unter den Augen lassen mein Gesicht uralt erscheinen. Nie war mir das so egal wie in diesem Moment. Ich werfe mich auf das Bett, ziehe mir die Decke über den Kopf und schlafe ein.

»Nida?«

Ich höre eine sanfte Stimme auf Russisch in mein Ohr flüstern.

»Nida? Willst du nicht langsam aufwachen?«

Ich grunze leise und beginne, mich zu rekeln. Meine Augen sind verklebt. Ich fühle mich klein, wie ein Kind. Eine Hand streichelt mir über das Haar. Diese Geste reicht aus, um mich zum Schluchzen zu bringen.

»Ist ja gut«, sagt die Stimme. »Alles ist gut.«

Ich weine in das Kissen.

Zwei faltige, warme Hände heben mich auf und halten meinen bebenden Kopf. Ich presse mein Gesicht in Guai Yagas nach Salbei duftenden Schoß. In mir ist nichts als Schmerz, ausgelöst durch Angst und Erinnerungen, die ich im Wald gelassen habe. Ich weine und weine, werde geschüttelt von Krämpfen. Alles fließt aus mir heraus. Um mich herum ist es fast dunkel, Kerzen flimmern, es riecht nach Weihrauch, warme Hände halten mich tröstend. »Es tut so weh«, höre ich mich mit stockender Stimme sagen.

»Alles ist gut«, lautet die Antwort.

Wieder werde ich durchströmt von einer Welle purer Verzweiflung. Mein Körper bebt und schüttelt sich, als würde er unter größter Kraftanstrengung lang verschüttete Gefühle herausstoßen. Es ist wie eine Reinigung.

Minuten oder Stunden später, ich weiß es nicht, ebbt das Beben langsam ab. Erschöpft atme ich ein und aus, nur manchmal unterbrochen von einem leichten Schütteln. Meine Muskeln sind schwach, kaum in der Lage, mich zu halten.

Matt liege ich da, den Kopf auf Guai Yagas Schoß ruhend. Ich öffne die Augen.

Die Schamanin lächelt mich an. Dann trocknet sie mir das nasse Gesicht mit einem Tuch. Ich lächle auch.

»Was ist mit deinen Eltern?«, fragt mich Guai Yaga, als wir wenig später Brot mit Yakkäse essen.

Mir bleibt der letzte Bissen im Halse stecken. Mit einiger Mühe bringe ich ihn hinunter. Dann starre ich hinüber zu dem kleinen Altar, auf dem Kerzen brennen.

»Sie sind tot«, sage ich.

Guai Yaga betrachtet mich lange.

Ich werde rot und schäme mich. »Sie sind für mich wie tot«, verbessere ich meine Antwort.

»Du bist das einzige Kind deiner Eltern.«

»Es ist ein Glück, dass sie keine weiteren Kinder haben. Niemand kann es mit ihnen aushalten.«

»So?«

Ich schaue die Schamanin herausfordernd an. »Guai Yaga, was ist Freiheit für dich?«, will ich wissen.

»Zu sein, wer ich bin, und das mit aller Hingabe«, sagt sie, ohne zu zögern. »Jeden Morgen, wenn ich erwache, sehe ich meiner Lebensaufgabe entgegen und freue mich darauf. Ich entscheide mich jeden Tag aufs Neue, das zu sein, was ich bin. Es ist ganz einfach, weil ich weiß, was ich zu tun habe und es mit Liebe tun kann. Bei jedem Atemzug bin ich die, die ich schon immer war. Und nichts hindert mich daran. Das ist meine Freiheit.«

»Ja«, sage ich. »Und meine Eltern leben genau das Gegenteil dessen, was du Freiheit nennst. Sie können das gern machen, es ist ihre Entscheidung. Doch es genügt ihnen nicht, selbst so zu leben. Sie wollen andere dazu bringen, auch ein solches Leben zu führen. Und das tun sie mit Hingabe, es bringt ihnen Erfüllung.«

Guai Yaga nickt nachdenklich. »Und was ist mit dir? Wo stehst du?«

»Ich weiß es nicht. Was ich auch tue, ich bin zerrissen. Wie weit ich auch von meinen Eltern entfernt bin, ihre Botschaft hallt in meinem Kopf wider. Ich war einfach zu lange ihr Kind.«

»Ja. Energieverbindungen reichen weit und existieren dauerhaft. So lange, bis man sie kappt.«

Das gibt mir Hoffnung. »Wie kann ich die Verbindungen trennen?«

Guai Yaga scheint diese Frage erwartet zu haben. Eindringlich schaut sie mich an.

»Du musst dich zuerst dafür entscheiden, deine Eltern wirklich gehen lassen zu wollen.« Dann lächelt sie verschmitzt. »Das klingt vielleicht einfach, aber es ist alles andere als das. Willst du dich wirklich von ihnen trennen? Sei ganz ehrlich zu dir. Dein Geist und dein Gefühl müssen es tatsächlich wollen, und dann erst kann sich die Energieverbindung aus deinem Körper lösen. Aus all deinen Körpern«, fügt sie hinzu. »Wahrscheinlich hat sich die Energie an irgendeiner Stelle in dir manifestiert. Du kannst deinen Körper danach befragen. Die Stellen, die dir Kummer bereiten, sind die Orte, an denen deine tiefsten Gefühle festgehalten werden. Frage, wo deine Wut wohnt, deine Trauer, deine Angst oder Verzweiflung. Hältst du sie fest, hältst du auch die energetische Verbindung zu der Botschaft von damals aufrecht und lähmst dich auf deinem Weg. Heute Nacht hast du Angst gespürt und ein Gefühl von Verlassenheit. Du hast den Mut gehabt, deinem inneren Wolf ins Gesicht zu schauen. Und danach überkam dich grenzenlose Traurigkeit. Die Gefühle kamen mit Macht, aber sie sind wieder gegangen. Du hast dich ihnen gestellt. Das war der erste Schritt auf der Suche nach deinem wahren Weg.«

»Meinem Weg«, wiederhole ich langsam.

»Ja.«

»Wenn ich ihn doch kennen würde.«

»Du kennst ihn doch!« Guai Yaga klingt ein wenig ungeduldig.

Ich bin davon nicht überzeugt. »Ich kenne meinen Weg nicht«, sage ich mit den Worten der geborenen Zweiflerin.

»Du hast ihn doch bereits eingeschlagen. Du hattest Visionen. Nun fehlen dir nur noch Vertrauen, Hingabe und Liebe.«

TAG 5

Ich sitze, schon in alter Gewohnheit, auf dem Zaungatter, um mich einen Moment lang auszuruhen. Die Weide ist vom Dung befreit, ich habe meine körperliche Pflicht für den Tag getan. Nun geht es an eine Tagesaufgabe, die mir weitaus mehr abverlangt, als gut einen Zentner Hinterlassenschaften zu entfernen: Ich soll verzeihen.

Für Guai Yaga ist das der erste wichtige Schritt zum veränderten Leben. »Im Verzeihen steckt der Wille nach Veränderung«, hat sie mir gesagt und mich mit einem Baum verglichen. Ich solle die morschen, alten Äste, die schwer an mir hängen, abwerfen und meine neuen, frischen Triebe nach dem Licht strecken.

Als Ort, um verzeihen zu üben, scheint mir das hohe Steinplateau neben dem Wäldchen gut geeignet. Auf meinem Weg dorthin überrasche ich ein Murmeltierpärchen. Sie stehen plötzlich regungslos vor mir und betrachten mich mit ihrem eigentümlich verwundert-schläfrigen Blick. Ich rühre mich nicht und warte ab, bis sie sich von meinem Anblick erholt haben und hinter einem Strauch verschwinden.

Das Plateau ist ein imposantes Gebilde aus rotem Stein. Es hat etwas Mystisches, dem ich mich nicht entziehen kann. Wie eine magische Stätte wirkt es auf mich.

Ehrfürchtig wandere ich um den hohen Felsen herum und lasse meine Handfläche an der steinernen Wand entlanggleiten. Ich habe mittlerweile verstanden, was es bedeutet, einen Platz ganz bewusst wahrzunehmen. Ich habe auch verstanden, einen Ort wie diesen als Energiequelle der Erdseele zu erkennen, die bereit ist, sich mit mir zu verbinden, wenn ich nur offen genug dafür bin.

Ich bin offen. Ich werde ganz ruhig in mir und aufmerksam. Ich bitte diese Stätte, sich mir zu offenbaren. Sofort beginnen meine Fußsohlen und Handflächen zu kribbeln: Energie fließt. An manchen Stellen möchte ich verweilen und mich damit aufladen, an anderen Punkten gewinne ich den Eindruck, dass es besser ist, sich nicht allzu lange dort aufzuhalten. Mir ist, als trete dieser Platz mit meiner Intuition in Verbindung, als kommunizierten wir. Ich bin voller Glück, und plötzlich habe ich das Gefühl, als gäbe es keine Trennung zwischen mir, der großen schöpferischen Quelle und diesem heiligen Platz mehr. Alles ist miteinander verbunden. Guai Yaga hat recht: Wir sind eins. In mir herrscht unbeschreiblicher Friede.

Ein schmaler, steiler Weg führt hinauf zur Kuppe des Plateaus. Nach einigen Metern Anstieg bemerke ich überrascht, dass Stufen in den Fels gehauen sind, zwar nur angedeutet, aber dennoch als solche zu erkennen. Langsam gehe ich die ungleichmäßige Felstreppe hinauf und zähle mit.

Es sind siebzehn Stufen. Ich bekomme eine Gänsehaut: siebzehn Tage, siebzehn Stufen. Vor mir breitet sich eine fast ebene Plattform aus. Ich verweile, noch leicht außer Atem, und lasse den Anblick auf mich wirken. Es herrscht ein besonderes Licht hier oben. Der Stein hebt und senkt sich vor meinen Augen, als wäre er durch meine Atemzüge zum Leben erweckt. Rot glühend nimmt er das Licht der Sonne in sich auf, saugt es regelrecht ein, macht es sich vollständig zu eigen.

Mit kleinen Schritten taste ich mich bis zum Abhang vor. Vielleicht zwanzig Meter trennen mich vom Boden. Ich trete gegen einen kleinen Stein. Zwei oder drei Sekunden lang sehe ich ihn fallen, dann zerspringt er auf felsigem Grund.

Es ist ein erhebendes Gefühl, hier zu sein. Ich strecke die Arme aus und wirbele um die eigene Achse: Weite, überall ist Weite, der Himmel zum Anfassen nah. Ich sehe das Wäldchen unter mir und winke den Eiben. Ich spiele wie ein Kind: Ich balanciere am Rand entlang, sehe den Tuul Gol, glitzernd wie ein blaues Band, endlose Bergketten dahinter, stille Wächter in dieser unendlichen Weite. Auch ich bin unendlich, hebe meine Arme wie Flügel, möchte mich am Rand der Klippe abstoßen und fliegen. Eine Windböe bläst mir ins Gesicht, ich schließe die Augen. »Nimm mich doch mit!«, schreie ich ihr zu. Steine lösen sich, springen zu Boden, unter meinen Füßen ist lockerer Fels. Ich öffne die Augen, weiche zurück, zwei Meter weiter hinten bin ich wieder sicher, ich lache und falle zu Boden, ein schönes Spiel.

Ich reibe meine Handflächen über den staubigen Felsen, nun komme ich langsam zur Ruhe. Verzeihen soll ich. »Von ganzem Herzen, von Seele zu Seele, nicht nur mit dem Kopf«, warnte mich die Schamanin am Morgen.

Was mir am zweiten Tag noch nicht gelingen wollte, ist nun ganz einfach: Ich versinke in meiner eigenen Stille.

Nach einer Weile steigen Erinnerungen in mir auf. Sie sind wie Wunden meines Körpers: winzige Abschürfungen, kaum der Rede wert, tiefere Schnittwunden, schon schmerzhafter, aber auch Verletzungen, die deutliche Spuren hinterlassen haben.

Ich vergebe meinem Großvater, dass er meinen Cousin mehr geliebt hat als mich.

Ich vergebe meiner Lehrerin, dass sie mich wegen einer Kleinigkeit geschlagen hat.

Ich vergebe dem fremden Mann auf der Straße, der mich damals ohne Grund anbrüllte.

Ich vergebe meiner Nachbarin, die mir, als ich ein Kind war, mit ihrer Strenge Angst machte.

Ich vergebe dem Mädchen, das mich verprügelte, als ich zehn war.

Ich vergebe meinem früheren Kollegen, der alles tat, um mir die Arbeit schwer zu machen.

Ich vergebe meiner ersten Liebe, die mich nicht zurückliebte.

Ich vergebe meinem ersten Partner, der nicht ehrlich war.

Ich vergebe dem zweiten, der auch nicht ehrlich war.

Ich vergebe mir selbst, dass ich meinen dritten Partner betrogen habe.

Ich vergebe mir, dass ich ab dem vierten nicht mehr richtig lieben konnte.

Ich vergebe mir, ich vergebe mir, ich vergebe …

Mein Gesicht ist tränennass, mein Innerstes aufgewühlt, doch ich vergebe aus tiefster Seele. Bei manchen Erinnerungen zögere ich. Unentschlossen hadere ich mit mir, ob ich sie wirklich gehen lassen will. Doch dann sehe ich sie vor meinem inneren Auge als düstere Staubwolken um meinen Körper schweben, und nichts will ich mehr, als mich vollständig von ihnen zu reinigen. Es dauert nur einen Moment, und die Worte der Vergebung fließen wieder aus meinem Mund, leichter plötzlich; es scheint, als flögen sie durch die Luft und lösten sich auf. Und mit ihnen die mich umgebenden dunklen Wolken.

Der Strom ebbt ab, nur ein Letztes noch: Ich sehe meine Eltern vor mir. Mir schnürt es die Kehle zu, aber ich halte der Erinnerung stand. Bilder stürzen in meinem Kopf umher, längst vergessene, wie ich glaubte. Ich durchlebe sie in diesem Moment neu, wie zum allerersten Mal. Ich höre mich Worte der Anklage sprechen, ich höre mich wüten und weinen, eine ganze Zeit lang, bis endlich kein Gefühl mehr an die Oberfläche drängt. Dann spüre ich einen großen Frieden in mir aufsteigen. Im Unterbewusstsein sehe ich sie vor mir sitzen, alle beide. Sie schauen mich an, hilflos, voller Betroffenheit und Trauer. Und sie reden. Es sind nicht ihre Persönlichkeiten, die zu mir sprechen, es sind ihre Seelen. Worte, die in meinen Ohren ehrlich klingen. Auf dieser Ebene gibt es zwischen uns keine Widerstände mehr, es ist reine Vergebung, wir sind frei.

Ich stehe auf und klopfe mir den roten Staub von der Hose.

Für einen kurzen Moment huscht ein Schatten über meinen Kopf hinweg, so schnell, dass ich mir unsicher bin, ob er nur Einbildung war. Instinktiv schaue ich zum Himmel, und schon sehe ich ihn lautlos über mir kreisen: den Steinadler.

»Das ist ein gutes Zeichen, dass er sich dir gezeigt hat«, sagt Guai Yaga später zu mir.

Ich schreibe einen Brief:

Liebe Eltern,

ich bin in der Mongolei. Es ist ein wunderbares Land. Riesig und weit. Nur ein paar Millionen Menschen leben hier, und dennoch ist man nicht einsam, sondern nur frei. Ihr wundert euch sicher, dass ich mich nach all den Jahren bei euch melde. Es ist ganz einfach: Ich will euch nur sagen, dass ich euch vergebe.

Vielleicht besuche ich euch irgendwann mal. Dann können wir reden.

Eure Nida

Am Abend bekomme ich eine schamanische Behandlung.

Guai Yaga sagt, es gäbe keinen Grund dafür, sich nicht in Ordnung zu fühlen, und sie wolle meinen Heilungsprozess ein wenig beschleunigen.

Der Raum ist vorbereitet, wie immer, Salbeirauch durchströmt in Schwaden die Luft. Kerzen deuten die Himmelsrichtungen an, das Oben und das Unten. Ich sitze in der Mitte auf einem Schemel, die Augen geschlossen. Guai Yaga beginnt mit ihrem Gesang. Ich spüre, wie sich eine gewisse innere Unruhe in mir ausbreitet, doch ich will vertrauen. Es ist wohl mehr die Angst vor dem, was Guai Yaga in oder an mir sieht, als die Angst davor, was als Nächstes passieren könnte. Ich habe in den letzten Tagen zu viel Ungewöhnliches gesehen, als dass ich mich noch wundern könnte.

Die Schamanin ist in Trance.

Auch ich gerate tiefer in mich hinein, höre ihren Gesang, spüre ihre Hände über mir und um mich herum, wirbelnd, wischend. Dann überfällt mich ein wahnsinniges Gefühl von Enge. Sie umgibt mein gesamtes Herzzentrum. Ich bekomme Angst. Guai Yaga singt lauter, mein Herz klopft, klopft schneller, ich kann kaum noch atmen. Was ist das? Todesangst steigt in mir hoch. Die Schamanin steht vor mir, ihre Hände auf der Höhe meines Herzens. Meine Brust ist zugeschnürt. Ich will schreien, weinen, so stark ist der Druck. Ich werde sterben, in diesem Moment, das weiß ich. Dann schreie ich. Guai Yaga singt. Ich schreie noch immer kindliche Laute. Plötzlich ist es vorbei. Etwas hat mich verlassen, hat spürbar mein Energiefeld, meinen Körper verlassen. Der Druck ist fort. Ich bin leicht, ganz leicht in mir. Mein Herz klopft ruhig und sicher, mein Zwerchfell ist so locker, als würde es aus meinem Bauch fallen. Ich kann atmen, ganz ruhig atmen, und ich fühle einen Strom, der wie Licht ist, mich umgibt, durch mich fließt, in jede Faser meines Körpers strömt. Ich bin glücklich in diesem Moment. Ich fühle mich frei. Ich bin wirklich frei. Guai Yagas Gesang wird leiser. Ich öffne langsam die Augen, sie steht vor mir, lächelt.

»Danke«, sage ich.

Sie nickt. »Es ist weg. Hole es dir nicht zurück.«

TAG 6

Ich reinige die Schüsseln vom Frühstück. Guai Yaga füttert das heilige Feuer, wie sie es nennt.

Neben dem kleinen Altar steht die Kommode für das Geschirr. Ich öffne eine der Schubladen, die falsche. Geschirr finde ich nicht darin. Stattdessen Bücher. Merkwürdig! Eines erweckt sofort meine Aufmerksamkeit. Ich lese den Titel. Es ist ein deutscher Titel. Fast glaube ich, dass er mir bekannt vorkommt.

»Was ist das?«, will ich wissen.

Guai Yaga schaut kurz von der Herdstelle auf. »Ein Buch über mich.« Sie beugt sich wieder hinab und schürt das Feuer.

»Ein Buch über dich? Von einem deutschen Autor? Was hat das zu bedeuten?« Ich bin erregt und weiß nicht, wieso.

Guai Yaga schließt die Feuerklappe und sieht mich an. Sie lächelt, und zwischen den Falten verschwinden ihre Augen beinah vollständig. »Ach Nida«, sagt sie. »Mir bedeutet dieses Buch nichts. Ob es das nun gibt oder nicht, ist nicht wichtig.« Sie hält plötzlich inne, als würde sie an ihren eigenen Worten zweifeln. »Oder besser gesagt, es ist für mich nicht wichtig. Dem Heiler aus Deutschland, der es geschrieben hat, war es von großer Wichtigkeit, darum ließ ich ihn gewähren. Er sagte, ich hätte sein Leben zum Besseren verändert. Und es gäbe Menschen, die von mir erfahren sollten. Denn wenn ihr Karma das so vorgesehen hätte, könnte das Buch auch ihr Leben verändern.«

»Wer ist dieser Mann?«, will ich wissen. »Wie kommt er dazu?« Meine Stimme klingt fremd, fast ein wenig aufgebracht.

Die Schamanin mustert mich. Ich halte ihrem Blick trotzig stand. Was ist mit mir? Warum verwirrt mich dieser Mann? Dieses Buch?

»Nida«, sagt Guai Yaga nun, und der Klang ihrer Stimme ist unglaublich weich, fast schon wie ein gesungener Ton, eine Schwingung, die mich tief in meinem Inneren berührt. Und noch einmal: »Nida.« Meine Schultern sinken herab. Ich komme mir vor wie ein eifersüchtiges Kind.

Guai Yaga lächelt wissend. »Was berührt dich an diesem Buch?«

Ich schaue auf. Ich weiß genau, da ist etwas, doch mehr auch nicht. Guai Yaga fixiert mich, aufmerksam, abwartend, als würde sie auf eine wichtige Erkenntnis von mir hoffen.

Ich starre zurück. »Das Buch …«, höre ich mich sagen, dann ist da wieder ein dunkler leerer Fleck in meinem Kopf. »Ich weiß es nicht.«

Guai Yaga atmet mit einem Seufzer aus. Dann kommt sie auf mich zu und nimmt meine kalten Hände in ihre. Sie sind warm, wie immer. Ich spüre die vertrauten Schwielen an den Knöchelchen, ich liebe diese Hände. Sofort bin ich wieder im Gleichgewicht. »Warum verwirrt mich dieses Buch so?«

»Das kann ich dir nicht sagen, Nida.«

»Es ist wirklich seltsam. Erzähle mir etwas über diesen Mann.«

»Er war schon oft hier«, sagt sie mit leiser Stimme. »Das erste Mal nur für zwei Wochen. Das Leben hier hat ihn sehr beeindruckt, die Mongolei sein Herz erobert. Es dauerte nicht lange, dann kam er wieder und blieb diesmal zwei Monate lang.«

»Hat er dieselben Aufgaben erhalten wie ich?«, will ich wissen.

Guai Yaga kichert. »Nein, Nida.«

Ich schlucke einen leichten Anflug von Beleidigtsein hinunter und merke sofort, dass meine Frage nicht klug war. Der Heiler aus Deutschland kam sicherlich mit einem weitaus höheren schamanischen Bewusstsein hierher als ich.

Doch die Schamanin schafft es, mich wieder aufzubauen.

»Sein Weg war ebenfalls hart, wenn auch gänzlich anders als deiner. Kein Weg gleicht dem anderen. Für ihn war es schwer, nach der langen Zeit nach Deutschland zurückzukehren.«

»Das kann ich mir vorstellen«, sage ich.

»Er kam bald wieder und wollte unbedingt dieses Buch schreiben. Einen Monat lang hat er mir jeden Tag bei der Arbeit zugesehen. Dann flog er nach Hause, und ich hörte lange Zeit nichts von ihm. Vor drei Monaten war er plötzlich wieder da. Er war sehr glücklich und gab mir das frisch gedruckte Buch. Es war ihm wichtig, was ich dazu sage. Ich habe es also lange angeschaut und gesagt: »Schön.«

»Mehr nicht?«, will ich wissen.

»Nun, ich kann es doch nicht lesen. Es ist auf Deutsch.«

»Soll ich es dir übersetzen?«

»Aber nein.« Guai Yaga winkt lachend ab. »Ich will es auch gar nicht lesen. Ich weiß doch, wer ich bin. Was kann mir das Buch Neues über mich verraten?«

»Aber fühlst du dich nicht geehrt?«

Guai Yaga schaut mich verschmitzt an. »Was ist Ehre, Nida? Ich bin die, die ich bin. Und dazu wurde ich berufen, als ich dreiundzwanzig Jahre alt war. Die Entscheidung stand jedoch schon fest, bevor ich in dieses Leben gekommen bin. Man nennt mich Guai Yaga, die Schamanin. Aber zu sein, was ich bin, bedeutet, das eigene Ich hinter sich zu lassen. Das, was ihr ›Persönlichkeit‹ oder ›Individualität‹ nennt, ist für mich bedeutungslos. Es muss bedeutungslos sein, denn ich bin dazu da, jedem, der zu mir kommt, bedingungslos zu helfen. Ich diene der einen unendlichen Quelle, die ihr Schöpfer nennt. Das ist meine Aufgabe.«

»Das ist für mich schwer nachzuvollziehen.«

»Ja, das weiß ich. In eurer Welt seid ihr in eurer Eitelkeit nach Beachtung und Anerkennung gefangen. Das ganze Leben verbringt ihr damit, diesem Irrlicht nachzujagen, doch es ist nur euer Ego, das danach strebt, nicht eure Seele. Und deswegen bleibt ihr unglücklich und leer. Ihr sucht unaufhörlich danach, wer ihr seid, doch im Ego werdet ihr die Antwort auf eure Frage nicht finden. Zu sein, was ich bin – ihr nennt es Schamanin –, heißt, die Grenzen des eigenen Ichs aufzulösen. Es bedeutet, denen zu geben, die kommen und brauchen.«

Ich nicke und spüre, wie weit mein eigenes Denken von der Weisheit dieser alten Frau entfernt ist. Ihre Worte machen mir Angst: Das Ego auflösen, um Schamanin zu sein und das eigene Leben vollständig in den Dienst der Mitmenschen zu stellen – ich merke, dass das niemals mein Weg sein kann.

»Wer bin ich dann noch, wenn ich mein Ego auflöse?«, will ich wissen.

»Dann«, sagt Guai Yaga pathetisch, »ist deine Seele frei und kann sich daran erinnern, wer sie wirklich ist.«

»Das ist mir zu groß.«

Die Schamanin lässt meine Hände los und kichert. »Ja, das ist auch ein langer, harter Weg. Und mitunter sehr schmerzhaft.«

Eine Sache kann ich gedanklich noch nicht loslassen. »Dieser Heiler aus Deutschland«, greife ich das Thema wieder auf, »was ist mit seiner Entwicklung? Ist er schon angekommen? Kommt man jemals an?«

»Nun, er ist auf einem guten Weg.«

»Wird er dich wieder besuchen?«

»Ja.«

»Wann?«

»Oh, ich denke, schon bald.«

TAG 7

Der alte Mongole schreit kurz auf. Ich sitze auf einem kleinen Schemel in der hintersten Ecke der Jurte und wundere mich darüber, denn Guai Yaga hat ihn gar nicht berührt. Ich muss mich korrigieren: Sie hat ihn sehr wohl berührt, allerdings nicht seinen physischen Körper. Ihre Hände befinden sich ungefähr dreißig Zentimeter darüber und reinigen, wie ich mittlerweile weiß, sein Energiefeld von einer kranken Substanz. Er leidet unter starken Hämorriden.

Erneut entweicht ihm ein kleiner Schmerzenslaut. Guai Yaga ist in einem tranceähnlichen Zustand. Sie singt, betet und schabt, wie es mir scheint, die Krankheit Stück für Stück mit ihren Händen aus seinem Energiefeld und wirft sie kurzerhand in einen Krug mit salzigem Wasser.

Nach der Reinigung versorgt sie seine Aura mit frischer Energie. Dabei verfällt sie in einen ganz bestimmten Atemrhythmus: schnell einatmen – Energie aufnehmen, langsam ausatmen – Energie abgeben. Der alte Mongole entspannt sich zunehmend. Nach einer Weile kehrt Guai Yaga aus der Trance zurück und reicht ihm eine Salbe aus frischen Heilkräutern, die sie täglich und zu allen möglichen Zwecken herstellt. Sie ist zur Versorgung von Wunden, rissiger Haut, wunden Lippen, Sonnenbrand, Akne und eben Hämorriden geeignet. Der alte Mongole ist glücklich über die Heilzeremonie, er habe gar keine Schmerzen mehr, gibt er zu verstehen, und kann vor Freude die Tränen nicht mehr zurückhalten. Zum Dank legt er ein großes Stück Ziegenkäse und frisch gebackene Weizenfladen auf den Tisch. Das Abendessen steht damit fest.

Ich bin fasziniert von Guai Yagas Fähigkeit und kann die energetische Heilung nur schwer nachvollziehen, doch sie scheint zu funktionieren, wie mir die Behandlung etlicher Patienten in den letzten Tagen bewiesen hat. Wäre der Mann zu mir gekommen, ich hätte ihm ein Rezept für ein Medikament aus der Apotheke gegeben, und mit sehr großer Wahrscheinlichkeit wären auch auf diesem Wege die Hämorriden verschwunden.

»Ja«, sagt Guai Yaga später, als ich ihr ganz ketzerisch meine Meinung offenbare, »aber die Krankheit wird bei deiner Art zu heilen immer wiederkommen. Du hättest ihm eine Salbe für seinen Körper gegeben, aber was ist mit seinen anderen Körpern? Die, die du nicht siehst und nicht einmal fühlen kannst? Auch darin steckt die Krankheit. Und zwar noch bevor sie im physischen Körper erscheint, den ihr westeuropäischen Heiler ausschließlich behandelt.« Sie zündet einen Strauß Salbei an und räuchert die Jurte gründlich aus. Das tut sie mehrmals am Tag, nach jedem Patienten.

»Okay, du hast mich überzeugt.« Ich hebe schuldbewusst die Hände. »Außerdem gibt es in der mongolischen Steppe keine Apotheken.« Das Thema Schulmedizin ist für mich damit erledigt. Ich bin nicht Tausende von Kilometern gereist, um ausgerechnet mit Guai Yaga über unser medizinisches System zu reden. Lieber will ich mehr von ihrer Art zu heilen erfahren.

Doch die Schamanin lässt nicht locker. »Was ist dein Beruf, Nida?«, fragt sie herausfordernd.

»Ich bin Ärztin«, antworte ich trocken und füge hinzu: »Auf einer Intensivstation.« Es klingt sehr merkwürdig in meinen Ohren, dieses Wort hier, an diesem Ort, auszusprechen. Irgendwie seelenlos und ohne Bezug zu dieser Welt.

»Das weiß ich«, sagt Guai Yaga und fächelt ganz besonders viel reinigenden Rauch in meine Ecke. »Und warum bist du hier?«

»Na, das weißt du doch auch«, antworte ich. »Zum Beispiel, um mich daran zu erinnern, was vor elf Tagen – meine Güte, ist es wirklich erst elf Tage her? – mit mir passiert ist.«

»Aha.« Guai Yaga entzündet einen neuen Strauß Salbei.

»Und um herauszufinden, weshalb ich ausgerechnet hier bei dir in der Mongolei gelandet bin. Woher habe ich deinen Namen? Wer hat das alles für mich organisiert? Habe ich das selbst getan? Fragen über Fragen. Und mit jedem Tag, den ich hier verbringe, werden es mehr. Und sie werden auch nicht einfacher. Wer bin ich? Was ist meine Aufgabe? Mir bleiben nur noch elf Tage – schon wieder elf, das ist ja unheimlich –, um all die Fragen für mich zu beantworten. Ein unmögliches Unterfangen.«

Guai Yaga lacht laut auf und öffnet die Tür weit. »Heilen ist Liebe, Nida«, sagt sie und scheucht mich, samt Rauch, ins Freie.

Wir machen im Abendlicht einen Spaziergang zum heiligen Wäldchen, wie Guai Yaga es ehrfürchtig nennt.

Ich soll lernen, Energie aufzunehmen, um meine Körper zu stärken. Das sei wichtig für die Aufgaben, die mich zukünftig erwarten.

Guai Yaga hält mich nun offenbar für bereit, die Wahrheit erfahren zu können, und eröffnet mir, dass mein Energiefeld am Tag meiner Ankunft in einem verheerenden Zustand gewesen sei. Es sei beinah ein Wunder und ein Zeichen meiner Stärke, dass ich noch nicht auf körperlicher Ebene schwer erkrankt sei.

Ich muss mehrmals schlucken.

Die alte Schamanin bemerkt es und lacht glucksend. Nun sei ja alles wieder im Lot, versichert sie mir. Der ständige Aufenthalt an der frischen Luft, die Erde, die Bäume und Steine hätten dafür gesorgt, dass ich mich wieder mit Energie aufgeladen habe. Allerdings befürchtet sie, dass ich, zurück in meinem Heimatland, binnen kürzester Zeit wieder einen ähnlichen Zustand erreichen werde, falls ich nicht schleunigst lerne, mich täglich energetisch zu nähren. Und zwar so regelmäßig, wie ich auch meinen Körper mit Wasser und Brot versorge. Die Art zu leben, wie wir es in Europa praktizierten, in so seltsam klimatisierten Häusern, sei der energetische Tod. Ich schlucke schon wieder.

Am Wäldchen angekommen, setzen wir uns auf einen glatten, roten und von der Sonne noch warmen Felsen.

»Zuerst möchte ich dir sagen, wie du es vermeiden kannst, Energie zu verlieren. Stelle dir einen Krug Wasser vor: Es nützt nichts, wenn du ihn auffüllst und alles wieder hinausfließt, weil irgendwo ein Leck ist.«

»Ich verstehe.« Mir fallen schon von selbst endlos viele Situationen in meinem Alltag ein, in denen die Energie verpufft wie Luft aus einem zerstochenen Reifen. Doch ich sage nichts.

»Achte darauf, was du isst und wie du es isst. Nimm die Speisen als ein Geschenk der Erde und der Tiere an. Wenn du glaubst, ein Tier essen zu müssen, danke ihm dafür, dass es dir als Nahrung dient. Iss es mit Liebe und Achtung. Meide schlechte Gedanken. Denn Gedanken sind kraftvolle Energien, die du aussendest und die zu dir zurückkommen und deinen Körper beeinflussen.« Guai Yaga kann sich ein Grinsen nicht verkneifen. »Also ist es besser, gute Gedanken in die Welt zu schicken.«

»Okay«, sage ich, »bis hierhin dürfte ich alles hinkriegen.«

»Gut. Als Nächstes gib acht, wie viel Energie du in Begegnungen mit anderen Menschen verlierst. Manche werden dich aussaugen, bis nichts mehr von dir übrig ist, wenn du es zulässt. Schütze dich davor, doch wenn du eine Verbindung nicht loslassen kannst, gib Liebe in diese Beziehung hinein, und frage nach dem tieferen Sinn eurer Begegnung, denn vielleicht will deine Seele daran wachsen. Doch irgendwann kommt der Punkt, an dem du prüfen musst, ob das Ganze noch seine Richtigkeit hat. Denn du kannst frei entscheiden, was du erträgst, wie lange du es erträgst und wann es genug ist. Sei ehrlich zu dir selbst. Und wenn du dich trennen willst, dann tue das. Es macht dann keinen Sinn mehr, an einer schlechten Beziehung festzuhalten. Trenne dich auch von den Gefühlen und Gedanken, die dazugehören, denn sie binden dich sonst weiterhin.«

»Das sagst du so einfach«, entfährt es mir. Ich werde mir mit einem Mal etlicher Situationen bewusst, in denen ich mich an schlechte Beziehungen geklammert habe wie eine Ertrinkende an einen Strohhalm.

Guai Yaga geht nicht weiter auf meinen Einwand ein und fährt fort: »Zu guter Letzt: Verweile nicht an Aufgaben, die du nicht mit Liebe verrichten kannst. Wenn du glaubst, dein Weg sei dieser oder jener, aber du schaffst es nicht, ihn mit Liebe zu gehen, dann beeile dich, ihn abzubrechen. Denn die Zeit, in der du Kraft genug hast, Dinge unter solchen Umständen zu tun, ist begrenzt. Was auch immer deine Aufgabe ist, erfülle sie mit Hingabe! Bist du Künstler, sei es mit Hingabe! Bist du Lehrerin, sei es mit Hingabe! Bist du Bauer, Kamelzüchter oder Mutter, sei es mit Hingabe! Ich kenne eine Näherin, die zehn Stunden am Tag näht. Es gibt Menschen, die verwundert fragen, wie sie das schafft. Aber sie erledigt ihr Werk mit Hingabe und Liebe, jeden Tag aufs Neue, und sie wird es weiterhin tun und glücklich und zufrieden damit sein. Vielleicht kommt irgendwann der Tag, an dem sie bemerkt, dass sie dieser Tätigkeit nicht mehr nachgehen mag. Vielleicht geschieht das auch niemals. Doch wenn dieser Tag kommt, dann muss sie sich fragen, ob es äußere Umstände gibt, die sie daran hindern, ihre Aufgabe weiterhin mit Liebe zu tun. Und wenn es nicht an äußeren Umständen liegt, sondern der Wunsch, aufzuhören, aus ihrem Inneren kommt, dann muss sie das tun. Ihre Seele will weitergehen, sucht nach etwas anderem. Und die Seele lässt sich auf ihrem Weg des Wachstums nicht aufhalten. Das ist das Wichtigste, was du dir merken musst. Hast du das verstanden, Nida?« Die Schamanin schaut mich durchdringend an.

Ich bringe nur ein zaghaftes Kopfnicken zustande.

»Die Seele lässt sich nicht aufhalten«, sagt sie noch einmal. »Sie will sich weiterentwickeln, in welche Richtung auch immer. Und folgt man ihrem Ruf nicht, wird sie trotzdem weitergehen, und diese Erfahrung kann schmerzhaft sein. Tief in unserem Inneren wissen wir um diese Dinge.« Guai Yaga holt Luft. Dann stellt sie mir die entscheidende Frage: »Gehst du deiner Aufgabe, Ärztin zu sein, mit Hingabe und Liebe nach, Nida?«

Ich fühle mich bis ins Mark getroffen. Lange muss ich nicht darüber nachdenken: »Seit meiner Kindheit habe ich kaum mehr etwas mit Hingabe und Liebe getan.« Diese Erkenntnis erschüttert mich selbst zutiefst. Wie konnte ich mein Leben so an mir vorbeiziehen lassen? Unsicher schaue ich die alte Schamanin an. In ihrem Gesicht ist kein Lächeln mehr zu entdecken, kein Anzeichen deutet darauf hin, dass sie gleich mit einer humorvollen Bemerkung den Ernst aus der Situation nimmt, wie sie es sonst so oft tut. Nur ein mitfühlendes Nicken begleitet ihre Worte: »Und das ist der Grund, weshalb deine Seele dich hierher geführt hat.«

Guai Yaga erhebt sich von unserem steinernen Sitzplatz.

»Stehe auf, Nida«, sagt sie.

Ich tue, wie mir geheißen.

»Verbinde dich nun mit der Erde, die dich geschaffen hat. Das ist eine deiner wichtigsten Aufgaben. Niemals darfst du die Verbindung zur Erde verlieren, sonst wirst du kraftlos umherwandern und dein Geist irgendwo außerhalb von dir herumschwirren. Schlimmstenfalls weißt du nicht mehr, wer du bist. Das Bewusstsein der Erde hat etwas in dir, in deinem Wesen hinterlassen. Du stehst mitten in ihr. Wir alle leben mitten in ihr. Ihr Energiefeld, ihr nennt es Atmosphäre, reicht weit bis in den Himmel hinein. Verbinde dich mit dieser Energie. Atme sie mit jedem Atemzug tief in dich hinein, und fülle deinen Körper mit ihr.«

Guai Yagas Erdtheorie klingt einfach und logisch für mich. Warum bin ich nie selbst darauf gekommen? Weil mir diese Art zu denken nicht beigebracht wurde? Es ist traurig, aber nichts, wirklich nichts, was ich bisher im Leben getan habe, geschah mit dieser Art Bewusstsein für die Dinge um mich herum. Ich bin durch das Leben geeilt und habe mich im Leiden an Details verloren. Schnell schlüpfe ich aus meinen Schuhen und schleudere sie beiseite. Dann wühle ich meine nackten Füße in die rote Erde. Ich schließe die Augen und sehe noch, wie ein Lächeln über Guai Yagas Lippen huscht.

»So ist es gut«, höre ich sie sagen. »Lasse deine Fußsohlen tief in die Erde wandern, öffne deine Füße, und lasse die Kraft der Erde in dich hineinströmen. Mitten durch deinen Körper geht eine Energieröhre. Wenn du weit entwickelt bist, reicht sie vom Himmel gerade durch dich durch, bis tief in die Erde. Wie weit reicht sie im Moment bei dir? Vielleicht von kurz über dem Kopf bis knapp zum Boden. Das ist in Ordnung so. Ziehe die Erdenergie in diese Röhre hinein, halte die Luft kurz an, spüre die Liebe in deiner Brust, und lasse die Energie sich dann in deinem ganzen Körper verteilen, vielleicht sogar darüber hinaus. Nun atme die Energie von oben in dich hinein. Beginne am Scheitelpunkt deines Kopfes, dann weiter den Körper hinunter. Erfülle diese Aufgabe täglich, am besten draußen in der Natur.«

Ich höre Guai Yaga tief einatmen und blinzle kurz mit den Augen. Sie scheint ganz vertieft in die Übung zu sein, die sie mir gerade erklärt. Also schließe ich die Augen wieder und entspanne mich, um konzentriert ans Werk gehen zu können.

Ich stelle mir vor, dass zwischen meinen Beinen eine Lichtröhre nach unten in die Erde drängt. Tatsächlich reicht sie in meiner Vorstellung einige Meter tief. Ehrgeizig wie ich bin, habe ich natürlich den Erdkern als Ziel angestrebt. Doch die Verbindung lässt sich in meiner Vorstellung nicht lange halten, und ich schaffe es nach wie vor gerade ein bis zwei Meter tief in die Erde. Ich verbinde mich mit dem Erdbewusstsein, und plötzlich muss ich lächeln. Es überkommt mich wie ein altbekanntes Gefühl aus einer längst vergangenen Zeit. Ich atme ein, die Röhre hinauf, halte die Luft an und atme mit einem Stoß aus. Heiß durchströmt es mich. Es ist wunderbar stärkend. Und während ich das registriere, ist dieses Gefühl wieder da, das mich schon seit einigen Tagen immer mal wieder erfasst: Ich bin eins mit allem, was mich umgibt.

Ich wünschte, ich könnte dieses Gefühl dauerhaft festhalten. In diesen Momenten ähnele ich in keinerlei Weise der Frau, die ich noch vor meiner Reise in die Mongolei war. Ich bin überrascht darüber, wie sehr ich mich in dieser kurzen Zeit verändert habe. Und noch mehr darüber, wie unwichtig mir die Gegebenheiten erscheinen, unter denen ich früher gelitten habe.

Ich atme die Energie des Himmels in mich hinein. Wie soll ich jemals in mein altes Leben zurückkehren? Es erscheint mir fast unmöglich. Ich atme die Energie der Erde ein. Ich bin so kraftvoll mit einem Mal, wie berauscht und frei. Ich könnte die Welt umarmen. Ich habe das Gefühl, an der großen Weisheit Anteil zu haben. Alles Wissen um die Dinge und um die Geheimnisse der Schöpfung scheint plötzlich zum Greifen nah, ohne dass ich es formulieren könnte. Es ist einfach da.

Ich öffne die Augen und begegne direkt Guai Yagas prüfendem Blick. Sie lächelt. Sie weiß.

Noch einmal atme ich die Energie tief ein, dann beginne ich, mich im Kreis zu drehen. Ich öffne die Arme und drehe mich lachend, singend im Kreis.

Die alte Schamanin stimmt mit ihrem eigenen, kehligen Gesang ein. Es ist immer der gleiche, dunkle Ton, den sie anstimmt. Er gefällt mir, berührt mein Herz. Ich versuche, ihn nachzumachen, doch meine Stimme ist zu hoch. Immer und immer wieder stimme ich mit ein, bis ich ihn endlich treffe. Einen Moment lang beobachte ich mich selbst, Scham will sich breitmachen, doch ich lasse sie einfach weiterziehen, singe stattdessen umso lauter. Hier, an diesem Ort, ist Scham ein seltsames Wort. Wen könnte es stören, dass ich ein Gefühl ausdrücke, das tief in mir ruht: Lebensfreude!?

Später setzen wir uns erschöpft auf den Felsen. Guai Yaga möchte, dass ich eine Methode kennenlerne, die einem dabei hilft, heil zu werden.

»Sitze aufrecht, Nida, die Füße auf dem Boden. Lege deine Hände mit den Handflächen nach oben auf die Oberschenkel. Nun kann die Energie frei fließen. Öffne dich für die große Quelle, und bitte um Heilung. Bitte sie von ganzem Herzen, und erlebe das Gefühl von endloser Liebe für alle Dinge um dich herum. Lasse dich von dieser ganz besonderen Kraft durchfließen. Achte darauf, dass du eine starke Bindung zur Erde hast. Je höher die Quelle ist, von der du Energie erbittest, umso tiefer muss die Verbindung zur Erde sein. Nun werde ganz still in dir, und sitze eine Weile nur so da. Du wirst selbst merken, wie lange es für dich richtig ist. Spüre, was kommt. Doch habe keine Angst: Es wird mit dem Wind weiterziehen.«

Ich schließe die Augen. Meine Handflächen beginnen zu kribbeln, werden warm. Mein ganzer Körper fühlt sich an, als wäre er von einer tiefen, allumfassenden Liebe berührt.

Dann spüre ich ein Pochen in meinem Kopf. Er tut weh.

»Mein Kopf schmerzt«, sage ich.

»Ja«, höre ich die Stimme der Schamanin neben mir. »Habe keine Angst. Lasse es geschehen. Es will sich lösen, was lange schon an dich gebunden ist.«

Mein Kopf pocht und drückt, als wäre er plötzlich zu klein. Ich kämpfe gegen das Unbehagen an, das sich in mir ausbreitet, von allumfassender Liebe ist nichts mehr zu spüren. Ich will aufstehen und am liebsten davonlaufen, will mich ablenken von dem, was da geschieht. Doch ich widersetze mich dem Bedürfnis, auch wenn es mir schwerfällt.

»Bleibe!«, sagt Guai Yaga eindringlich. »Stelle dich dem Gefühl. Betrachte es mit Liebe, und dann darf es gehen. Bitte die große Quelle, es dir abzunehmen. Was dich quält, hast du über Jahre selbst geschaffen. Verabschiede es. Vielleicht wird es dir nicht heute, beim ersten Mal, gelingen. Aber jeden Tag kann es ein bisschen mehr verschwinden und so Heilung geschehen.«

Ich habe das Gefühl, dass mein Kopf gleich zerplatzt. Ich schenke ihm all meine Aufmerksamkeit. Mir wird übel. Ich betrachte den Schmerz, frage ihn, wohin er gehört, was er mir sagen will. Zum allerersten Mal nehme ich diesen Körperteil ganz bewusst wahr – und plötzlich bekomme ich Bilder, Erinnerungen, er trägt die Last meines Lebens, hält die Angst fest, ich spüre sie … und nach der Angst die Wut, schließlich Trauer, dann Gefühle des Versagens, all diese Last trägt mein Kopf, und ich weiß, er trägt sie schon seit meiner Kindheit, ein dicker grauer Nebel umhüllt ihn. In meiner Brust wird es eng.

»Was habe ich mir nur angetan?«, höre ich mich sagen, und meine Stimme klingt erstickt.

»Vergib dir, Nida.« Guai Yaga steht dicht neben mir. »Du hattest damals keine andere Möglichkeit. Doch es hat dich wachsen und lernen lassen. Nun darf es gehen. Bitte die große Quelle um Heilung, und sei im festen Vertrauen und Wissen, dass es geschieht.«

Ich beginne zu schluchzen. In meinem Kopf kreist alles. Ich sehe mich als Kind, gepeinigt von Gefühlen, die weitaus größer sind als ich. Ich sehe mich voller Angst und Einsamkeit, ausgeliefert einer Welt, die mir unbegreiflich und willkürlich erscheint.

»Du hast nicht anders handeln können, Nida. Du warst noch so klein. Nun kannst du dir helfen, es ist alle Kraft dafür da, die du benötigst.«

Haltlos beginne ich zu weinen.

Guai Yaga tritt von hinten an mich heran, legt ihre Hände auf meine Schultern und stützt mich.

In meinem Geist sehe ich die erwachsene Nida das kleine Mädchen schützend in den Arm nehmen. Ich bin nicht mehr allein, ich bin nicht mehr ausgeliefert. Ich bin aufgefangen, getragen von einer Kraft, die – in mir ist? Oder um mich herum? Ich weiß es nicht, aber sie ist da.

Ich strecke meinen Oberkörper, höre mich tief atmen. Jetzt verstehe ich: Mein Kopf ist der Feind des Lebens – so habe ich es in der Kindheit gelernt, als meine Freundin starb. Von da an traf ich immer wieder die Entscheidung, alles Unbegreifliche, alle Not ihm aufzubürden – bis zum heutigen Tag. Ich weiß, ich habe jetzt, in diesem Moment, einen wichtigen Schritt getan. Es ist, als würden sich endlich die dunklen Nebel um meinen Kopf lichten.

Guai Yagas Hände lösen sich von meinen Schultern, doch die Wärme bleibt wie unsichtbare Abdrücke auf meiner Haut. »Jetzt kannst du eine neue Entscheidung für dich treffen«, sagt sie leise. »Du bist frei, deinen Weg zu gehen. Es kann ein harter Weg sein, vielleicht auch ein langer, aber er gehört nun dir, wirklich dir.«

Ich nicke, öffne langsam die Augen.

Guai Yaga lächelt mich an. Ich sehe, wie sich die Anspannung aus ihrem Gesicht löst. Sie streicht mir über den Kopf und sagt: »Das war ganz wichtig, Nida. Vielleicht wirst du in nächster Zeit manchmal das Gefühl haben, dir plötzlich fremd zu sein. Das kann passieren, wenn solch eine wesentliche Veränderung eintritt. Aber du wirst es schaffen.«

»Es ist, als würde ich aus einer dunklen Talsohle emporkriechen, hinein in den nächsten, sonnenbeschienenen Wegabschnitt. Und ich finde, ich habe verdient, dass er warm und hell ist.«

»Ich bin mir sicher, dass es so sein wird.«

»Guai Yaga«, sage ich. Die alte Schamanin schaut mich fragend an. »Ich hatte vorhin, glaube ich, eine Vision.«

»Welche?«

»Wir bekommen Besuch.«

TAG 8

Die Ziege lässt sich mittlerweile von mir kraulen, der Yak läuft mir zur Melkzeit entgegen, und die Ponystute begrüßt mich mit einem Wiehern. Sogar das Fohlen fordert mich zum Spielen auf. Doch Guai Yaga rät mir stets, aus Sicherheitsgründen, diese Einladung abzulehnen. Ich bin zufrieden mit diesem Status. Meine täglichen Aufgaben – Füttern, Misten und Melken – machen mir Freude.

Guai Yaga hat heute wirklich viel zu tun. Ständig kommen neue Patienten an, manchmal warten sie lange vor der Jurte, wenn die Schamanin noch mit einer Heilzeremonie beschäftigt ist, oder sie haben das Glück, sofort an die Reihe zu kommen. Ein wenig erscheint mir die Jurte heute wie eine überfüllte Arztpraxis.

Guai Yaga hat mir für diesen Tag keine Aufgabe genannt. Ich bin froh darüber. Seit gestern spüre ich ein seltsames Gefühl in mir. Es ist nicht unangenehm, aber in seiner Intensität doch sehr fremd. Mir ist, als wäre ich überwach und plötzlich mit einer feinen Intuition und Wahrnehmung ausgestattet. Doch ich fühle mich auch ein wenig ungeschützt, ein bisschen, als stände ich nackt im Wind.

Ich entschließe mich, nach der Arbeit zum Steinplateau zu gehen. Vielleicht tut es mir gut, mit einer Meditation dort weiterzumachen, wo ich gestern aufgehört habe.

Ich zupfe am Yakeuter. Zunächst nur zärtlich, um die Kuh nicht zu verschrecken, dann steigere ich mich langsam, bis ich schließlich kraftvoll an den Zitzen ziehe. Der weiße Milchstrahl spritzt warm in den Eimer. Ich habe mich zu einer wahren Könnerin entwickelt. Zufrieden lehne ich meinen Kopf an das schwarz-braune Yakfell. Aus dem Bauch des Tieres dringen grummelnde Geräusche an mein Ohr. Ich höre jemanden meinen Namen rufen: »Frau Janusz!« Das kann eigentlich nicht sein.

»Frau Janusz!«

Ich komme unter dem zotteligen Yak hervor und entdecke Ganbat am Gatter stehen.

»Frau Janusz, hallo!« Er winkt mir lachend zu.

»Hallo Ganbat, welch eine Überraschung!« Ich ziehe den vollen Eimer unter dem Bauch des Tieres hervor und gehe zum Zaun. Ich freue mich wirklich, meinen einstigen Dolmetscher wiederzusehen.

Ganbat reicht mir die Hand und betrachtet mich schüchtern von Kopf bis Fuß. Dann sagt er: »Sie sehen gut aus, Frau Janusz, wenn ich das sagen darf. Fast schon wie eine Mongolin.«

Woran er das festmacht, weiß ich nicht. Doch ich entschließe mich, es als Kompliment aufzufassen. »Ja, es geht mir auch wirklich gut hier.«

Ganbat strahlt und hebt den Zeigefinger, um seine Worte zu unterstreichen. »Ich habe Ihnen ja gesagt: Guai Yaga ist etwas ganz Besonderes. Jedem geht es in ihrer Nähe gut.«

»Da mögen Sie recht haben.« Sorgsam schließe ich das Gatter hinter mir. »Was führt Sie hierher, Ganbat? Wollten Sie nur einfach mal nach mir schauen? Das finde ich sehr freundlich.«

»Nein … doch.« Der Gesichtsausdruck des jungen Mongolen gerät ins Wanken, offensichtlich ist er bemüht, nicht aus Versehen das Falsche zu sagen und dadurch womöglich unhöflich zu erscheinen. »Natürlich wollte ich auch schauen, wie es Ihnen geht. Aber eigentlich habe ich eine Patientin hierhergefahren. Ich bin heute sozusagen wieder als Fahrer und Dolmetscher tätig.«

»Ach? Eine Deutsche?«

»Ja. Guai Yaga arbeitet gerade mit ihr. Ich werde im Moment nicht gebraucht, und da wollte ich Ihnen mal kurz Hallo sagen.«

»Sehr nett, Ganbat.«

Gemeinsam schlendern wir schweigend zur Jurte. Ich bin in Gedanken versunken.

Kurz vor der Tür bleibe ich stehen und schaue in das freundliche Gesicht meines jungen Begleiters. »Ich muss Sie etwas fragen, Ganbat.«

»Ja?« Er scheint besorgt zu sein und das Schlimmste zu erwarten, denn er schaut mich mit seinen dunklen Augen groß an.

»War ich es, die Sie damals gebucht hat? Und wenn ja, wie habe ich das angestellt?«

Einen Moment lang herrscht Stille zwischen uns. Meine Frage verwirrt ihn, das ist offensichtlich. Sein Blick wandert fahrig umher, wie der eines Kindes, dem eine viel zu schwere Denkaufgabe gegeben wurde.

»Ganbat«, wiederhole ich streng. »Habe ich Sie gebucht oder jemand anderes? Und wenn ja, wer?«

Er sieht mich ängstlich an. »Eine Agentur«, sagt er dann schnell. Die Antwort klingt wie eine Beichte.

»Eine Agentur?« Ich bin überrascht.

»Ja. Ich bekomme per Handy den Auftrag von einer Agentur aus Deutschland. Es ist ganz einfach. Mir werden Name und Ankunftszeit des Kunden genannt und natürlich, was während seines Aufenthalts in der Mongolei mein Job ist.«

»Eine Agentur«, wiederhole ich leise.

»Ja. Ist alles in Ordnung mit Ihnen, Frau Janusz? Ich mache mir Sorgen, Sie sehen verwirrt aus.«

»Ja, ja«, sage ich beruhigend und lächle ihn an. »Wie ist der Name der Agentur?«

»Asia Friends. Es ist meist dieselbe Ansprechpartnerin, die mich beauftragt.«

Ich krame in meiner Erinnerung – Asia Friends – im Geist wiederhole ich den Namen drei oder vier Mal. »Nie gehört«, sage ich schließlich. »Wie heißt die Frau, die Sie in meinem Fall angerufen hat?«

»Frau Hohlstein.«

Auch dieser Name ist mir fremd. Da ist eine schwarze Wand in meinem Kopf, und wie ein Pingpongball prallen meine Erinnerungsversuche dagegen. Verzweiflung keimt in mir auf. Ich stelle den Milcheimer auf den Boden und lehne mich tief Luft holend an die Jurtenwand. Warum kann ich mich nicht erinnern?

Guai Yaga öffnet die Tür. Sie sieht mich, nimmt den Milcheimer und schiebt mich wortlos ins Innere der Jurte.

Ich blinzle. Zwischen Rauch und Kerzenschein erkenne ich eine alte Frau, die in der Ecke sitzt. Ihre Augen weiten sich vor Überraschung, als sie mich sieht.

»Nida!«, sagt sie.

Ich bin sprachlos. Ungläubig gehe ich auf sie zu.

Sie steht auf und streckt mir freudig ihre Hände entgegen.

Ich greife danach, noch immer verwundert, und schüttele nur den Kopf. Es ist die Dame aus dem Flugzeug.

»Nida, wie schön«, sagt sie. »Ich kann es nicht fassen, dass wir uns ausgerechnet hier wieder begegnen.«

Langsam finde ich meine Sprache wieder. »Sie sehen, ich bin völlig überrascht. Und mir fällt auf, dass ich nicht mal Ihren Namen weiß.«

»Helene Weinbach«, stellt sie sich vor. »Ich freue mich so, Sie zu sehen. Und ich habe wirklich gehofft, dass wir uns noch einmal begegnen. Doch hier? Wer hätte das gedacht?«

»Helene«, sage ich. »Ich freue mich auch über das Wiedersehen. Wie kann es möglich sein, dass man sich in diesem großen Land tatsächlich über den Weg läuft?«

Ich drehe mich um und sehe in Guai Yagas Augen. Ihr Blick verrät nichts. Aber sie wirkt nicht sehr überrascht. Wahrscheinlich haben ihr die Geister längst alle Einzelheiten verraten. Lächelnd bedeutet sie Helene und mir, uns zu setzen.

Auch Ganbat, der noch unschlüssig und ziemlich überrascht in der Tür steht, wird ein Platz zugewiesen. Dann beginnt Guai Yaga, ganz nach alter Tradition, Milchtee und Hirsegebäck zu verteilen.

»Woher kennen Sie sich?«, will Ganbat wissen und nimmt den Becher mit Milchtee auf mongolische Art – mit der rechten Hand, während die linke den Ellbogen stützt – aus Guai Yagas Händen entgegen.

Helene erklärt ausführlich und offen die Umstände unserer Begegnung. Ganbat übersetzt für die Schamanin ins Mongolische.

»Nida hat mir wahrlich sehr geholfen«, sagt Helene und schaut mich lange an.

»Ach nein«, antworte ich ein wenig verlegen, »ich war einfach nur da.«

Die alte Schamanin beobachtet mich, dann sagt sie auf Russisch, damit nur ich ihre Worte verstehen kann: »Du warst nur da, das ist richtig. Doch alles, was du bist, war da und – hat geheilt.«

Ich bin verwirrt, weiß nicht genau, ob ich Guai Yaga wirklich verstanden habe. In Gedanken bin ich wieder im Flugzeug, sehe Helene in ihrer Not vor mir. Das Erlebnis damals hat mich beeindruckt, das ist wahr. Nicht ohne Grund fühle ich mich dieser alten Dame neben mir auf so seltsame Art verbunden.

Guai Yaga lächelt weise, dann reicht sie Helene die Schüssel mit dem Hirsegebäck.

»Wollen wir ein Stück gehen?«, fragt mich Helene wenig später.

»Gern.« Ich ziehe mir eine Jacke über, denn der Nachmittag ist erstaunlich kühl geworden.

»Ich habe nur wenig Zeit«, verrät mir Helene. »Denn ich fahre noch heute mit Ganbat zurück nach Terelj. Dort übernachte ich bei einer mongolischen Familie. Montag geht mein Flieger zurück nach Deutschland. Wie lange bleiben Sie hier, Nida?«

»Nun ja, noch mindestens zehn Tage«, sage ich zögerlich. »Ich habe es auch gar nicht so eilig, zurückzukehren. Eigentlich wird mir erst jetzt, wo Sie danach fragen, so richtig bewusst, dass dies nur eine Reise ist, die bald endet. Und dass mein altes Leben auf mich wartet … Das beunruhigt mich doch sehr.«

»Oh«, sagt Helene nur. Dann bleibt sie stehen, schaut sich um und nimmt das Land um uns herum tief in sich auf. »Es ist so schön hier. Ich kann verstehen, dass Sie nur ungern fort möchten. Ich beneide Sie sogar um Ihren Aufenthalt bei der Schamanin. Sie ist wunderbar.«

Wir gehen Richtung Tuul Gol. »Weshalb sind Sie hier, Helene?«, will ich wissen.

»Ich hatte den Wunsch, auf meine alten Tage endlich von meiner Angst befreit zu werden. Lange Jahre der Therapie haben nur wenig geholfen, also warum nicht mal eine Schamanin aufsuchen?« Helene lacht unsicher.

»Und wer hat Ihnen Guai Yaga empfohlen?«

»Oh, sehen Sie!« Helene zeigt auf ein Murmeltier, das uns einen Moment lang verschlafen ansieht und dann eilig hinter einem Stein verschwindet. Dann wird sie wieder ernst. »Ich wollte schon immer einmal in die Mongolei reisen. Über den Deutsch-Mongolischen Freundeskreis habe ich diese Reise dann schließlich organisiert. Und dort wurde mir auch die Schamanin empfohlen.«

»Konnte sie Ihnen helfen?«

»Ja …«, Helene zögert mit der Antwort, »… ehrlich gesagt, im Moment fühle ich mich hervorragend. Ob die Angst weg ist? Nun, das werde ich sehen, spätestens beim Rückflug.« Die alte Dame lacht befreit auf. »Guai Yaga hat an meinem Energiefeld gearbeitet. Sie war währenddessen in Trance und hat gesungen und gebetet. Das war mir ein wenig unheimlich, aber ich habe regelrecht gespürt, wie sie mit ihren Händen etwas aus mir entfernt hat. Vor dieser Heilzeremonie haben wir uns lange unterhalten. Sie sagte, Angst sei das dunkle Gegenüber der Liebe. Und dann fragte sie mich, was mein Gedanke im Moment der größten Panik sei. Und ich sagte, dass ich sterben würde. Und daraufhin erklärte mir Guai Yaga, dass eben diese Idee die dunkle Botschaft der Angst sei. Und auf die helle, also das Gegenteil davon, solle ich mich zukünftig konzentrieren. Die Schamanin sagte außerdem, sie könne einen großen Teil dieser düsteren Energie entfernen, doch ich würde mit meinen Gedanken täglich aufs Neue Angst erschaffen und in meinem Mentalkörper speichern, der sich wiederum auf all meine anderen Körper auswirkt, wenn ich der Angst nicht grundlegend die Macht über mich entziehe.

Gedanken seien pure Energie und würden sich in mir manifestieren. Sehr beängstigend! Von nun an werde ich aufpassen, welche Gedanken ich aussende.

Angst entstehe, weil ich kein Vertrauen in die große Quelle habe, weil ich mich von ihr als getrennt empfinde, Zweifel habe an ihrer Existenz oder daran, dass sie mir hilft. Das sei meine größte

Aufgabe in dieser Reinkarnation: Vertrauen zu haben in den großen Plan, in mich und meine Dazugehörigkeit. Angst zerfrisst meine Aura, und bedingungslose Liebe füllt sie wieder. Das klingt doch im Grunde ganz einfach, nicht wahr?«

»Ich werde nicht sterben …«, sage ich gedankenverloren.

»Richtig. Ich werde leben, ich darf leben, ich darf hier sein. Ich habe meinen Platz auf dieser Erde, und ich darf ihn einnehmen. Einfach so. Und dann sagte Guai Yaga noch, dass meine Angst in den allerersten Sekunden meines Lebens entstanden sei, und dass sie die ureigenste Furcht vor Bindungen wäre, weil niemand da war, dem ich vertrauen konnte, am wenigsten dem Leben und der Idee, darin aufgehoben und geborgen zu sein. Und in den Panikattacken offenbart sich diese Furcht auf grausamste Weise: Ich habe Angst davor, zu sterben. Ja, und in der Tat …«, Helene atmet schwer, ihre Stimme wackelt, als sie weiterspricht, »meine Mutter hat sich wirklich einen Sohn gewünscht. Ihre Enttäuschung, als die Hebamme ihr ein kleines Mädchen übergab, war riesengroß. Ich glaube, es hätte ihr nichts ausgemacht, wenn ich kurz nach der Geburt gestorben wäre. Natürlich hat sie das vor mir nie so direkt zugegeben, aber ich weiß es einfach. Meine Schwester, damals gerade elf Jahre alt, hat mich, so gut es ihr möglich war, versorgt.«

Ich lege Helene meine Hand auf die Schulter.

»Ja«, sagt sie und schaut mich mit Augen voller Tränen an, »ist das nicht seltsam? Das Ganze ist nun schon achtundsechzig Jahre her und will mich immer noch nicht in Ruhe lassen.«

»Ich bin mir sicher, Guai Yaga konnte Ihnen helfen.« Wieder spüre ich diese Liebe zu der fremden Frau, die da so hilflos und verletzt vor mir steht. Ich nehme sie in den Arm und drücke sie leicht an mich.

»Sie sind ein guter Mensch, Nida«, sagt Helene plötzlich. »Sie haben sehr viel Mitgefühl. Ich spüre es. Und es ist sehr wohltuend. Ich bin mir sicher, dass Sie eine wunderbare Ärztin sind.«

Unbewusst weiche ich einen Schritt zurück.

»Oh, habe ich das Falsche gesagt?«

Ich bin verwirrt, weiß selbst nicht, warum mich ihre Worte derart verschrecken. »Nein«, sage ich langsam. »Das ist es nicht.«

Helene greift nach meiner Hand. »Wollen Sie mir verraten, weshalb Sie hier sind, Nida?«

»Weshalb ich hier bin?«, wiederhole ich leise, dann schweige ich einen Moment lang. »Ich habe bisher mit niemandem darüber gesprochen«, beginne ich zögerlich, »nicht einmal mit Guai Yaga. Und ich merke auch, dass das alles sehr verrückt klingen muss, aber mir fehlen drei Stunden in meinem Leben. Sie sind fort, spurlos verschwunden, ausgelöscht aus meinem Gedächtnis.«

Helene sieht äußerst erstaunt aus. Sie scheint viele Gründe für meinen Aufenthalt für möglich gehalten zu haben, doch mit einem solchen hat sie nicht gerechnet, das sehe ich ihr an. »Wie kann das sein?«, entfährt es ihr.

»Ich weiß es nicht«, sage ich schlicht. »Dennoch ist in diesen Stunden etwas geschehen, das mich genau hierhergeführt hat. Und um herauszufinden, was das war, bin ich ursprünglich in die Mongolei gereist. Doch nun offenbaren sich mir immer mehr Fragen, und die eigentliche Frage ist weit in den Hintergrund getreten. Es geht plötzlich um viel mehr für mich. Es geht um alles! Um alles, was ich bin – oder glaube, zu sein beziehungsweise nicht zu sein. Mein ganzes Leben wird hier schonungslos aufgedeckt, enthäutet, und ich blicke in die dunklen Abgründe meiner Seele. So jedenfalls kommt es mir vor. Wenn ich in mein altes Leben zurückkehre, wird nichts mehr so sein wie früher. Nichts darf mehr so sein! Aber wie soll es sein? Das ist mir noch nicht klar. Verstehen Sie, Helene, ich will kein Leben mehr führen, in dem ich mich selbst belüge, jeden Tag aufs Neue. Wenn ich zurückkehre, dann als die, die ich wirklich bin. Sonst kehre ich nicht zurück!«

Helene schaut mich sprachlos an.

Ich halte ihrem Blick stand, aufrecht, die Schultern gestrafft, als befürchtete ich, dass sie versucht, mich von meiner Überzeugung abzubringen.

»Ich wünschte, ich hätte nur die Hälfte Ihrer Kraft, Nida. Ich hoffe von ganzem Herzen, dass Sie mit Guai Yagas Hilfe zu der wirklichen Nida finden. Sie muss großartig sein, denn schon jetzt bin ich von Ihrem Weg zutiefst beeindruckt.«

Ich schaue dem Geländewagen hinterher, sehe Helene hinter der schmutzigen Scheibe winken. Dann verschwindet er langsam in der mongolischen Steppe. Umhüllt von einer dichten Staubwolke, folgt er einer kaum erkennbaren Piste. Auch ich winke noch einmal, zaghaft nur, dann wende ich mich ab.

Die Schamanin und ich sind wieder allein.

TAG 9

Guai Yaga hat draußen ein großes Feuer angezündet. Die leuchtenden Flammen lecken gierig an der schwarzen Nacht, die uns umgibt. Ich sehe Guai Yaga beten. Sie ist eine alte Frau, das Licht des Feuers offenbart jedes gelebte Jahr. Ein paar graue Strähnen haben sich aus ihrem Zopf gelöst und wehen im lauen Nachtwind. Über der alten Schamanin ruht still der Mond. Unfassbar erscheint mir der Sternenhimmel in seiner unendlichen Weite. Es scheint, als würden alle Elemente in diesem Augenblick nur für diese eine außergewöhnliche Frau existieren. Alles ist mit ihr verbunden. Ich erkenne die Heiligkeit dieses Augenblicks. Guai Yaga ist die Vermittlerin zwischen den irdischen und überirdischen Kräften – und uns, den einfachen Menschen. Ich stehe ehrfürchtig da und warte ab, was geschieht.

Guai Yaga öffnet die Augen. Sie sieht mich direkt an. »Das Feuer ist heilig«, sagt sie. »Es hat ein Bewusstsein, es lebt. Verbinde dich mit dem Feuer, mit seinem Wesen.«

Ich schaue in die Flammen, sehe, wie sie unruhig und doch rhythmisch das Holz umarmen, um es wieder in das zu verwandeln, was es einmal war.

»Es trägt den Funken der Sonne und der Erde in sich. Das Feuer, das du hier siehst, ist die Verbindung aus beiden.« Die Schamanin nimmt einen Strauß getrockneten Salbei und hält ihn kurz in die Flammen. Die Zweige glimmen in ihrer Hand.

»Schließe die Augen, Nida«, sagt sie und kommt langsam auf mich zu.

Ich spüre, wie sie den rauchenden Zweig um mich herumfächelt. Der Geruch des Salbeis sticht in meiner Nase. Ich spüre, wie der Rauch meinen Körper reinigt. An meinem Kopf lässt sich Guai Yaga besonders viel Zeit.

Dann sagt sie: »Schaue deinem inneren Raubtier offen ins Gesicht, Nida. Liebst du dich? Liebst du alles an dir? Auch die Schatten? Die Wahrheit ist, du magst dich gar nicht. Vielleicht magst du deinen Körper, dein Aussehen, das, was du darstellst. Aber du hast aufgehört, dich zu lieben, als du sieben Jahre alt warst. Seit du hier bist, beginnst du langsam, wieder zu leben und den Kontakt zu deiner Seele herzustellen. Liebe dich, Nida, liebe alles an dir, auch deine Schatten. Erst dann können sie gehen, und du bist bereit für deine Vision. Was empfängst du in diesem Moment?«

Guai Yagas Worte versetzen mich in eine Art Trance. Ich lausche in meine eigene Stille. In meinen Ohren klingt nur das Rauschen meines Blutes. Dann ist es plötzlich da. Ich höre die Frage: »Seele, wohin willst du?«

»Und was ist die Antwort deiner Seele?«

»Sie sagt: ›Weiter, weiter …‹«

»Öffne die Augen, Nida.«

Ich schaue Guai Yaga an, sie steht dicht vor mir.

»Die Seele ist der wilde, nach Freiheit und Selbstbestimmung strebende Teil in dir. Sie trifft die Entscheidungen über dein Leben. Sie kam mit einem festen Plan auf diese Erde. Kennst du ihn? Was ist dein Plan? Wo siehst du dich, wenn du in diesem Augenblick nur deine Seele sprechen lässt?«

»Ich will – heilen.«

Guai Yaga atmet mit einem tiefen Seufzer aus.

Meine Worte hallen deutlich in meinem Kopf nach. Sie klingen mir selbst fremd, doch ich habe sie gesagt. Ich habe sie einfach gesagt, ohne diesen Satz jemals zuvor mithilfe meines Verstandes formuliert zu haben. Sie flossen aus meiner Kehle, wie ein gesungener Ton.

Guai Yaga betrachtet mich aufmerksam. Ihr Blick ist wach und freudig erregt. Langsam wird auch mir bewusst, was ich da gerade gesagt habe. Ich habe meine Seele sprechen lassen, ich habe mein wirkliches Selbst sprechen lassen. Und es hat mir meine Aufgabe genannt, meinen Plan, den Weg meiner Seele durch dieses Leben.

»Ich will heilen«, sage ich noch einmal. »Ich will heilen.« Es klingt immer mehr nach mir.

»Ja«, sagt Guai Yaga. »Das ist es.«

Ein Schwall durchfährt mich, mir wird heiß, meine Brust öffnet sich, ich fühle, wie sich mein Körper schüttelt, vor Lachen und vor Weinen. Ich kann nicht mehr an mich halten, ich falle auf die Knie und grabe meine Hände liebevoll in die rote Erde. »Das bin ich«, höre ich mich sagen. »Das bin ich!« Tränen laufen über meine Wangen, ich tauche ein in ein Meer aus Gefühlen, die so stark sind und so wunderbar. Mein Körper zieht sich zusammen und löst sich wieder. Ich lache. »Das bin ich«, sage ich noch einmal und fühle mich ganz. Ich bin aufgehoben, geborgen und getragen in reiner Liebe zu den

Elementen. Es ist, als ob die Welt auf mich schaut, erleichtert, dass ich ihn endlich gefunden habe, meinen Weg. Kein Augenblick in meinem Leben war jemals so intensiv wie dieser.

Guai Yaga singt. Ich höre ihre dunkle, kehlige Stimme den immer selben Satz intonieren. Ich verstehe ihn nicht, aber er klingt wunderbar, voller Freude und Kraft. Ich stimme mit ein. Ich singe. Und tanze. Ich breite die Arme aus, schließe die Augen und tanze um das Feuer. Ich bin erfüllt von Energie und kann gar nicht wieder aufhören, zu tanzen. Wie in Trance springe ich umher. Auch Tanzen ist Ausdruck der Seele, schießt es mir durch den Kopf, und meine Seele will heute Nacht feiern. Feiern! Ich recke mich zum sternenblitzenden Himmel und schreie: »Das bin ich! Seht her! Das bin ich!«

TAG 10

Jetzt weiß ich nicht mehr weiter. Heilerin will ich sein, das ist mein Lebensweg, der Ausdruck meiner Seele in diesem Leben, doch ich weiß nicht, wie ich das nun umsetzen soll. Zwischen der vollkommenen Heilerin in meiner Vorstellung und der Ärztin auf der Intensivstation, die ich bin, liegen Welten. Und nicht nur Welten, sondern auch der schmale Grat zwischen unglücklich oder zufrieden sein. Wie kann mein Dasein als Heilerin, als erfüllte Heilerin, aussehen? Hier, in der Mongolei, erscheint mir alles so einfach. Hier kann ich sein, was ich bin. Aber zu Hause, in meinem alten Leben? Ich habe Angst, dass sich die alten Schlingen nur allzu schnell wieder um meinen Hals legen und sich dann langsam zuziehen. Auf keinen Fall möchte ich, dass mir das passiert. Ich spüre Widerstand in mir aufsteigen. Doch ich habe keinen Plan für die Verwirklichung meines neuen Lebens in Deutschland.

»Ich will nicht weg, Guai Yaga. Ich will hierbleiben.«

Die alte Schamanin knetet Teig. Nun hält sie in der Bewegung inne und starrt für einen kurzen Moment gedankenverloren auf ihre mehlbestäubten Hände.

»Nida«, sagt sie, »du hast die Wahl. Für jeden Schritt, den du gehst, triffst du die Entscheidung, aber triff sie weise, damit dir die Füße nicht schwer werden.«

Ich seufze laut. »Damit sagst du nicht, dass ich bleiben kann, aber du sagst auch nicht, dass ich gehen soll.«

»Eben weil es deine Entscheidung ist.« Guai Yaga widmet sich wieder hingebungsvoll dem Teig.

Ich tigere nervös in der Jurte auf und ab. »Ich habe nur noch ein paar Tage – sieben, um genau zu sein –, und dann muss ich mit einem festen Plan für meinen weiteren Lebensweg zurück nach Deutschland fliegen. Wie soll ich das schaffen, in so kurzer Zeit? Und überhaupt, Heilerin will ich sein, aber ich werde niemals so heilen können wie du, Guai Yaga.«

Ich sehe, wie sich die Schamanin die Hände abstreift. Teigreste fallen zu Boden. Sie dreht sich um, kommt langsam auf mich zu und fasst mich fest an den Schultern. Eindringlich sieht sie mich an.

»Heilerin willst du sein? Du bist Heilerin!«

»Ich bin keine Heilerin. Ich bin Ärztin. Und das ist weit von dem entfernt, was du bist.«

Guai Yaga schüttelt den Kopf. Sie sieht fast wütend aus. »Du bist Heilerin!«, wiederholt sie. »Wann willst du das verstehen? Es ist eine der wichtigsten und verantwortungsvollsten Aufgaben, die wir uns ausgesucht haben. Du heilst nicht wie ich, das ist richtig. Aber kannst du nicht sehen, dass Heilen nur eins bedeutet, nämlich Liebe wirken zu lassen? Was auch immer deine Medizin ist, mit der du Menschen helfen wirst, sie ist nichts wert, wenn du sie ohne Liebe verabreichst. Merke dir das, Nida Janusz. Wenn ein Mensch zu dir kommt und Heilung will, dann sieh den Mut, mit dem seine Seele das Leid auf sich genommen hat, und hilf ihm auf seinem Weg mit deiner ganzen Hingabe. Es wird dich viel Kraft kosten. Wenn du nicht aufpasst, wird es dir mehr Kraft nehmen, als du hast. Aber wenn du es schaffst, deine Aufgabe in Liebe und in der Verbindung zur großen Quelle zum einen und der Erdseele zum anderen zu erfüllen, dann wird deine Kraft immer im Lot sein und dein Weg dich vollends erfüllen. Willst du das?«

Guai Yaga drückt meine Schultern noch fester.

»Ja«, sage ich beinah tonlos.

»Denke nach! Willst du es wirklich?«, beharrt sie.

»Ja«, sage ich noch einmal, und diesmal klingt es wirklich entschlossen.

Die Schamanin mustert mich. Sie will offenbar sichergehen und jeden eventuell in meinem Inneren vorhandenen Zweifel aufdecken.

Ich weiß, dass sie keinen Zweifel entdecken wird, auch wenn sie mit ihren übernatürlichen Fähigkeiten noch so sehr in mir forscht.

»Gut«, sagt sie, und ein kleines Lächeln huscht über ihre Lippen. »Dann erhältst du heute Abend deine Einweihung. Gehe so lange spazieren. Ich muss mich vorbereiten.«

Ich wandere ein wenig ziellos umher, bis ich mich schließlich am Plateau wiederfinde. Ich bin aufgeregt.

»Es ist der zehnte Tag«, sage ich laut zu mir selbst, »und ich erhalte heute meine schamanische Einweihung.« Leichtfüßig trabe ich die siebzehn angedeuteten Stufen nach oben. Es ist kühl heute, die Sonne fehlt. Eine dicke Wolkendecke bestimmt den Tag.

Ich wandere wieder still am Rand entlang. Mir gefällt das Spiel mit dem Abgrund. Ich lege den Kopf in den Nacken und halte Ausschau nach dem Steinadler. Meine Füße tasten sich vorsichtig weiter. Heute ist genau der richtige Tag, um sich zu zeigen, denke ich, der Tag meiner Einweihung, das wäre ein gutes Zeichen.

Doch der Adler zeigt sich nicht. Ich setze mich auf einen Felsen. Drei Möglichkeiten für mein weiteres Leben offenbaren sich mir.

Entweder ich gehe zurück in das Krankenhaus und erfülle meine Aufgabe dort als Heilerin mit Hingabe und Liebe.

Oder ich eröffne eine eigene Praxis, was schon immer ein Traum von mir gewesen ist.

Oder – ich bleibe hier.

Die Jurte ist erfüllt von Wacholderrauch. Auf dem Boden stehen sechs Kerzen, vier für die Himmelsrichtungen, eine für oben und eine für unten. In ihrer Mitte stehen zwei niedrige Hocker. Der Raum ist vorbereitet.

Auch ich bin vorbereitet. Ich habe ein Bad im Fluss genommen und viel Wasser getrunken.

Guai Yaga ist bereits in Trance. Sie nimmt mich bei den Händen und führt mich zu dem Platz in der Mitte. Mein Herz schlägt schnell vor Aufregung.

Ich setze mich auf den Hocker und falte die Hände im Schoß. Guai Yaga hat die Augen halb geschlossen. Sie geht zu jeder einzelnen Kerze, betet und ruft die vier Himmelsrichtungen an, so jedenfalls scheint es mir. Dann berührt sie unter schnell gesprochenen mongolischen Lauten den Boden und öffnet schließlich ihre Handflächen gen Himmel.

Mein Körper beginnt zu kribbeln. Ich habe das Gefühl, dass die Schamanin soeben ein unglaubliches Kraftzentrum in dieser Mitte entstehen lässt.

Sie setzt sich auf den Hocker mir gegenüber, ganz vorsichtig und bedacht. Dann sagt sie, ich solle ihr die folgenden Worte nachsprechen. Ich nicke. Langsam wiederholt sie das Gebet, das die vier Himmelsrichtungen sowie das Unten und das Oben heiligt. Ich spreche ihr nach, Wort für Wort.

Sie nimmt meine Hände, ich spüre die Kraft in ihren Handflächen pulsieren. Dann öffnet sie ganz plötzlich die Augen und schaut mich an. Ich schaue zurück. Alles ist still. Nichts rührt sich. Nicht einmal das Kerzenlicht flackert. Wie gebannt versinke ich in Guai Yagas schwarzen Augen. Es ist, als kröche ich mit jedem Atemzug tiefer in sie hinein und die Schamanin in mich. Wir sitzen da, und starren uns in die Augen, und mit einem Male ist mir, als würde ich durch Guai Yagas Augen sehen. Ich zucke ob dieser Wahrnehmung zusammen, doch sie hält mich fest, drückt meine Hände nur noch stärker, damit ich diesen Zustand halte und mit meiner Energie nicht fortgehe.

Und dann bin ich eins mit der Schamanin: Ich bin sie, und sie ist – ich? Ich vertraue und bleibe in diesem Gefühl. Es ist überirdisch. Diese ganze Situation ist weitaus größer, als ich imstande bin, zu begreifen. Und wir sind nicht allein, auch das fühle ich. Der Raum, die Jurte, ist erfüllt mit mehr. Ich weiß nicht, womit, doch die Anwesenheit einer großen Energie ist spürbar. Sie macht mir keine Angst, im Gegenteil: Ich fühle mich geborgen in dem Wissen, dass es etwas gibt, was uns in diesem Moment mit Kraft zur Seite steht.

Nach einer Weile merke ich, dass sich Guai Yaga entfernt. In der Tat fühlt es sich an, als würde sie sich langsam energetisch aus mir zurückziehen.

Sie sagt: »Nun ist all mein Wissen durch dich geflossen und all meine Kraft.« Sie berührt die Mitte meiner Stirn mit ihrer Hand. Dann sprechen wir wieder das Gebet für die Himmelsrichtungen, für das Oben und das Unten: Himmel und Erde.

Wir stehen auf, und Guai Yaga nimmt ganz langsam ihre Hände von mir. Sie macht Bewegungen mit den Armen, die für mich aussehen, als wolle sie sichergehen, dass wir beide uns auch wirklich energetisch voneinander getrennt haben.

Sie wendet sich jeder einzelnen Kerze zu und spricht nochmals das Gebet. Dann entzündet sie einen großen Strauß Salbei, dessen Rauch sie sorgfältig in jeden Winkel der Jurte fächert. Sie kreuzt die Arme über ihrer Brust, bedeutet mir, es ihr gleichzutun, geht noch einmal tief in sich und kehrt dann ganz langsam aus der Trance zurück.

Wir schauen uns lange an, schweigend.

TAG 11

Mir ist kalt. Ich erwache mit brennenden Augen. Bei dem Versuch, aufzustehen, dreht sich die Jurte im Kreis. Ich sinke zurück auf das Kissen. Wo ist Guai Yaga? Mein Blick schweift suchend umher. Ich bin allein. Mit schweren Gliedern stemme ich mich hoch, stütze die eine Hand auf das Bettgestell, die andere auf die Kommode. Nur langsam schaffe ich den Weg nach draußen.

Das Tageslicht ist grell. Zu grell. Was ist mit mir? Warum bin ich so schwach? Mein Kopf ist so benebelt, dass es mir nicht einmal gelingt, meinen Zustand einigermaßen zu analysieren.

Ich entferne mich schlurfenden Schrittes ein paar Meter von der Jurte, dann muss ich mich übergeben. Meine Beine zittern, drohen nachzugeben, kalter Schweiß rinnt meinen Rücken hinunter. Ich falle auf die Knie und ruhe mich einen Moment lang aus.

Nach einer Weile halte ich es vor Kälte nicht mehr aus. Ich weiß nicht, wie lange ich schon hier, auf der kühlen Erde, sitze. Ich hebe langsam den Kopf, der mir schlaff auf die Brust gefallen ist. Ich will zurück ins Bett. »Ich muss zurück ins Bett!«, befehle ich mir selbst und schaffe es mit Mühe, mich auf die wankenden Beine zu stellen.

Der kurze Weg zur Jurte kostet mich mehr Kraft, als ich habe. Ich taumele, verfehle den Eingang und pralle mit der Schulter gegen die Türpfosten. »Nicht auf die Schwelle treten«, sage ich mir. »Das bringt Unglück«. Mir ist so schwindelig! Alles dreht sich im Kreis. Wo ist das Bett? Ich höre meine eigenen Schritte matt über den Boden schlurfen. Es ist so kalt hier, überall ist es kalt. Ich falle zurück auf das Bett und ziehe mir die Decke bis zum Kopf.

Der Adler ist da. Er fliegt hoch über mir, dann segelt er lautlos auf mich nieder und landet mit scharfen Krallen auf meinen Schultern. Ich zucke noch zusammen, da ist er schon wieder fort. Ich bin weiß. Ich habe weiße Kleidung an. Eine Frau wird eingeliefert. Sie ist schon alt. Im Krankenhaus suchen alle nach mir, damit ich helfen kann.

Jemand betet. Ich öffne die Augen. Guai Yaga ist auch da. Ich halte meine Hände über die Frau. Ich will sie heilen. Das Gebet wird lauter. Es riecht nach Salbei. Die alte Frau schaut mich plötzlich an, ihre Augen sind braun. Sie lächelt. Doch dann will sie sterben. »Nein!«, rufe ich. Das Licht im Krankenhaus ist so grell. Ich suche nach den medizinischen Instrumenten. Sie soll nicht sterben. Ich öffne meine Hände. Da ist der Adler wieder. Er ist ganz schwarz, fliegt auf mich zu. Er schlägt mit seinen Schwingen gegen meinen Kopf. Es ist wie eine Explosion. Ich sehe Blitze vor meinen Augen – so grell! Ich zucke zusammen. Jemand sagt: »Bist du bereit, den Schamaninnentod zu sterben?«

»Nein, ich will nicht sterben«, rufe ich.

Wasser! Mein Mund ist so trocken. Ich will trinken. Ich schaue umher, alles ist auf einmal so schrecklich dunkel um mich herum. Da ist ein Becher, ich fühle ihn. Eine schwielige Hand reicht mir das ersehnte Nass. Ich schlucke hektisch, bis mir das Wasser übers Kinn und dann den Hals hinunterläuft.

Meine Eltern sind da! Was wollen die hier? Die gehören hier nicht hin. Die gehören überhaupt nirgendwo mehr hin.

»Nida«, sagt meine Mutter, und ihr Blick ist voller Sorge. »Komm nach Hause, Kind.« Sie tupft mir die Stirn trocken.

»Ich brauche euch nicht!«, rufe ich. »Lebt ihr euer Leben. Ich bin nicht böse, aber geht. Ich muss tun, was zu tun ist.«

»Weißt du denn, was zu tun ist?«, fragt mein Vater und breitet plötzlich die Arme über mir aus. Sie sind schwarz. »Weißt du's?«

Ich beginne zu zittern. »Was?«, höre ich mich fragen.

»Die alte Nida stirbt«, sagt er. »Das Neue will integriert werden. Es kommt mit Macht. Es steht hier und wartet voller Ungeduld. Bist du so weit?«

»Ich weiß nicht.«

»Das alte Ego, das dich an deiner Entwicklung gehindert hat, will nun gehen, um wiedergeboren zu werden. Das ist die Einweihung. Es kostet Überwindung, und manchmal schmerzt es auch. So wie bei dir gerade. Es zerrt an dem vertrauten Teil in dir, der beginnt, sich zu trennen. Sei bereit, und lasse es einfach geschehen.«

»Nein.«

Ich sehe die Gazellenherde. Sie ist wieder da! Zu Tausenden springen die Tiere durch die Steppe, so leichtfüßig … Ich will mit ihnen springen und laufen, so leicht sein, so frei. Meine ganze Sehnsucht hängt an ihren flinken Hufen.

Aber ich bin zu langsam. Und ich bin schwer.

Das Gras ist so schön, und wie es riecht! Ich atme seinen Duft tief in mich hinein. Es ist saftig. Ich kann es trinken, aus einem kleinen Becher. Bittere Medizin, mich schüttelt es heftig, aber ich spüre, jede Zelle meines Körpers verlangt nach diesem Saft, der mir Heilung zu versprechen scheint. Ich leere den Becher bis zum letzten Tropfen. Bitter klebt der Geschmack an meinem Gaumen. Ich falle zurück, bin mit einem Male ganz entspannt. Ich liege auf der Erde, ich sinke hinein, bin in der Erde.

»Du quälst dich«, sagt jemand. »Wann bist du endlich bereit?«

»Jetzt«, sage ich. Und dann wird alles schwarz.

TAG 12

Guai Yaga spricht ein Gebet. Es handelt von Tod und Wiedergeburt. Sie spricht es leise und schnell. Sie hockt vor ihrem Altar und hat die Augen geschlossen. Die alte Schamanin sieht müde aus. Ihr roter Deel ist zerknittert und schmutzig, der graue Haarzopf aufgelöst. Sie hat das letzte Wort gesprochen. Langsam erhebt sie sich und nimmt eine Pfeife in die Hand. Es ist eine ganz besondere Pfeife, für besondere Anlässe. Die Schamanin benutzt sie nur, wenn etwas Außergewöhnliches passiert ist. Das letzte Mal, als sie die Pfeife stopfte, war ihr Bruder gestorben, vor fünf Jahren. Sie hatte es schon gewusst, lange bevor der Neffe mit seinem schnellen Pferd die Jurte erreichte, um es ihr mitzuteilen. Sie hatte den Weg des Bruders in die andere Welt mit dem heiligen Rauch der Pfeife begleitet.

Und nun ist es wieder so weit, es ist Zeit für diese Pfeife.

Guai Yaga legt den Tabak zurück in die Schublade. Sie bittet das Feuer um eine ganz besondere Flamme. Dann nimmt sie ein kleines Stück Holz und entzündet es. Die Flamme sticht hell empor und erleuchtet für einen Moment das Dunkel der Jurte. Guai Yaga saugt den Rauch tief in ihren Mund ein. Sie hält inne, lauscht in sich hinein. Alles ist richtig so, kein Zweifel. Die Pfeife ist bereit. Sie schlurft auf das Bett zu und setzt sich vorsichtig auf die Kante.

Ich habe meine Augen weit geöffnet. Guai Yaga schaut mich an. Sie nickt mir zu.

Ich richte mich mühevoll auf, bin noch schwach. Dann nehme ich die Pfeife aus ihren Händen entgegen. Der Rauch schmeckt so bitter wie das Gras in meinem Traum. War es ein Traum? Ich gebe der Schamanin die Pfeife zurück, und sie nimmt erneut einen tiefen Zug. Siebenmal wiederholen wir das Ritual. Dann löscht Guai Yaga die Pfeife und legt sie voller Ehrfurcht zurück an ihren Platz auf dem Altar.

Ich sehe, wie sie eine Tasse mit Milchtee füllt. Dankbar nehme ich ihr das Getränk aus den Händen. Als es meine Zunge benetzt, meine Kehle entlangfließt, kommt es mir vor, als würde ich zum allerersten Mal in meinem Leben trinken. Es ist der Abend des zwölften Tages.

Ich leere noch zwei Tassen Milchtee, dann erhebe ich mich, noch ein wenig schwach, von dem Lager, auf dem ich die letzten beiden Tage und Nächte zugebracht habe. Ich ziehe mich aus, bis ich ganz nackt bin. Auf der Kommode neben meinem Bett liegt ein Stapel frischer Kleidung. Ich ziehe Unterwäsche an, ein langes Hemd, Pullover, Hose, zwei Paar Strümpfe. Guai Yaga gibt mir noch eine Mütze aus Ziegenhaar. Ich setze sie ohne Zögern auf. Dann nehme ich eine dicke Wolldecke, hülle mich darin ein und trinke, als ich am Herd vorbeikomme, einen halben Liter lauwarmes Wasser. Auch einen großen Hirsefladen esse ich zur Hälfte und nehme den Rest davon mit.

Guai Yaga begleitet mich zur Tür. Die Nachtluft streichelt mein Gesicht. Ich lächele, atme mehrmals tief ein und aus. Dann schlurfe ich langsam durch die nächtliche mongolische Steppe.

Der Mond leuchtet mir den Weg. Ich komme mir vor wie ein Neugeborenes. Meine Haut ist weich und fühlt sich ein wenig wund an. Das Fieber ist verschwunden. Mir kommt es vor, als sei mein Körper plötzlich mit langen unsichtbaren Tasthaaren versehen, die die Welt um sich herum neu erkunden. Ich spüre die Luft auf meinem Gesicht wie zum allerersten Mal. Ich nehme jeden einzelnen Grashalm wahr, den ich mit meinen Schritten zertrete, und auch den Geruch von Staub und abendlichem Tau. Mein Blick ist so anders, weitreichender. Still lausche ich in die Nacht hinein. Ich fühle mich friedvoll, aufgehoben in mir und an diesem Ort. Ich bin seelenruhig, so ruhig, dass ich selbst die Entstehung eines Gebirges direkt vor meinen Füßen mit absoluter Gelassenheit betrachten würde.

Das Plateau steht leuchtend unter dem vollen Mond. Das ist mein Platz. Ich habe keinen Zweifel, dass dieser Ort in diesem Moment nur auf mich wartet.

Ich sehe die siebzehn Stufen vor mir, steige sie langsam und bedächtig hinauf. Auf der dreizehnten Stufe verweile ich kurz. Was wird Guai Yaga morgen für mich bereithalten? Fünf Stufen, fünf Tage, warten noch auf mich. Und dann? Habe ich dann alles zusammen, was ich brauche? Bin ich dann endlich wieder bei mir angekommen? Ich blicke auf die zwölf Stufen hinter mir zurück. Schön waren die Tage und auch schwer. Zwölf ist nicht viel, und dennoch ist jeder einzelne Tag für immer in mir gespeichert und kann mir nie wieder genommen werden. Jeder Schritt bin ich, ich bin ihn gegangen, und ich bin stolz darauf, dass ich dieses Wagnis eingegangen bin.

Zwölf Tage – wie Jahre kommen sie mir vor. Ich steige weiter hinauf, bis ich endlich ganz oben bin. Das Mondlicht scheint weißsilbern auf mich nieder.

Ich schreite einmal um das Plateau herum, diesmal nicht ganz so nah am Abgrund. Ich begrüße die Himmelsrichtungen, das

Oben und das Unten. Ich verbinde mich mit der Erde und der großen Quelle. Dann setze ich mich in die Mitte des Plateaus auf den Boden, im Rücken einen Stein, der mich stützt. »Ich bin bereit für meine Vision«, sage ich.

Ich erwache vom warmen Schein der Sonne. Dort, wo eben noch der Mond stand, sind nun strahlend helles Licht und wolkenloser Himmel. Wie viele Stunden habe ich geschlafen? Ich bringe meinen Kopf mühsam nach vorne. Er war nach hinten gekippt. Mein Nacken schmerzt. Ich will mich aufrichten, und im selben Moment erstarre ich. Regungslos schaue ich auf den Felsvorsprung nur wenige Meter von mir entfernt. Dort sitzt er, der Adler, erhaben und majestätisch. Er schaut mich an, aus hellen, aufmerksamen Augen. Ich muss träumen, doch ich wage nicht, es zu überprüfen. In seinem Gefieder spiegelt sich seidig glänzend das Licht, und der beeindruckende Schnabel verleiht seinem Wesen den Ausdruck von Weisheit. Er sitzt einfach nur da, in meiner Nähe, als würde er über mich wachen. Wie lange wohl schon? Ich merke, wie sich meine Augen vor Freude mit Tränen füllen. Dieser Moment scheint mir unwiederbringlich; es ist ein heiliger Moment.

Noch einmal schaut mich der Adler an, dann dreht er sich um, breitet seine Schwingen aus und steigt fast lautlos empor. Ich springe auf, die Decke, in die ich gehüllt war, fällt zu Boden. Ich sehe ihn durch die Luft segeln, einmal im Kreis über dem Plateau. Einen Moment lang habe ich die Hoffnung, er könnte noch einmal landen, doch dann sehe ich, wie er im schnellen Flug hinter den Bergen verschwindet.

Ich schaue auf den Stein, auf dem der Adler eben noch saß. Eine Feder liegt dort, zurückgelassen – wie ein Geschenk für mich. Ehrfürchtig nehme ich sie in meine Hände und streiche mit den Fingerspitzen darüber. Guai Yagas Worte fallen mir ein: Eine

Adlerfeder ist das heiligste Werkzeug des Heilens. Schamanen setzen sie schon seit langer Zeit ein, um die Aura des Menschen ins Lot zu bringen.

Und ich fange an, zu begreifen: Heilung beginnt, wenn der Mensch bereit ist, sein Bewusstsein, sein Leben zu ändern – von außen nach innen. Meine Medizin, um mit Guai Yagas Worten zu sprechen, war bisher nur, das Innen zu heilen, den physischen Körper, und alles andere außer Acht zu lassen.

Ich stecke mir die Adlerfeder vorsichtig in den Strumpf, um sie unversehrt nach Hause zu bringen. Mir wird bewusst, wie groß meine Möglichkeiten wären, wenn ich all das unterschiedliche Wissen über Heilmethoden, das ich jetzt habe, miteinander vereinen könnte.

TAG 13

Mir steht der Schweiß auf der Stirn, als ich mit der Decke unter dem Arm zurück zur Jurte laufe, so warm ist dieser Tag. Die Vormittagssonne lässt die Steppe flimmern. Es ist nicht mehr weit, da sehe ich schon ein altes Auto vor Guai Yagas Jurte stehen, das mir bekannt vorkommt. Es gehört den Eltern des kleinen Jungen, der an meinem ersten Tag durch Guai Yaga von den Folgen einer Gehirnerschütterung befreit wurde. Lächelnd denke ich daran zurück, wie fremd mir alles damals noch erschien. Nun wende ich selbst schon einen Teil der schamanischen Praktiken an.

Ich erreiche die Jurte, trete leise ein. Der Raum ist leer. Seltsam, denke ich und werfe die Decke auf mein Bett. Ich bin durstig und trinke einen großen Becher Airag. Dann mache ich mich auf den Weg nach draußen, um die anderen zu suchen. Ich kann es nicht erwarten, Guai Yaga zu sehen. Ich muss ihr von dem Adler erzählen. Ich bin sicher, er ist das Symbol meiner Vision, und sie kann es für mich deuten.

Das Auto steht einsam und verlassen da. Ich gehe um die Jurte herum. Auf der Weide sind die Tiere unruhig, starren alle in eine bestimmte Richtung. Ich folge ihrem Blick. Kein Mensch ist da zu sehen. Ich bin ratlos. Doch dann höre ich Schreie. Sie kommen vom Fluss. Eine aufgeregte Frauenstimme weint, schreit, klagt hysterisch. Ohne zu zögern renne ich los. Weit vor mir sehe ich Guai Yaga laufen, so schnell es ihre alten Beine zulassen. Auch sie ist auf dem Weg zum Tuul Gol. Ich renne noch schneller, was kaum mehr geht.

Die Mutter des Jungen läuft am Flussufer auf und ab. Ich ahne, was passiert ist. Schon erkenne ich ihren Mann. Er steht bis zu den Hüften im Wasser. Und er hält einen kleinen leblosen Körper in seinen Armen. Die Frau schreit auf, schlägt sich voller Verzweiflung mit den Händen gegen den Kopf. Dann sieht sie Guai Yaga kommen. Sie läuft auf die alte Schamanin zu und zerrt panisch an deren rotem Deel. Schon bin ich auch da. Guai Yaga schaut mich sorgenvoll an. Sie ist blass unter ihrer dunklen Haut. Ich sehe, wie der Vater das Ufer erreicht. Schluchzend fällt er auf die Knie und legt seinen toten Sohn auf den Boden. Guai Yaga beginnt zu beten, die Mutter weint. All das registriere ich, dann stürze ich auf den Jungen zu und stoße den Vater beiseite. Ich öffne den Mund des Jungen, er ist leer. Ich brauche nicht lange zu denken, alles ist ein automatischer Vorgang. Ich puste meinen Atem in seine Nase, meine Hände stützen sich auf seinen Brustkorb: 1, 2, 3, 4, 5, 6, 7, 8, 9, 10, 11, 12, 13, 14, 15, 16, 17 … 30 – beatmen. 1, 2, 3, 4, 5, 6, 7, 8, 9, 10, 11, 12, 13, 14, 15, 16, 17 … 30 – beatmen. Ich höre den Vater weinen, die Mutter klagen und Guai Yaga beten. 1, 2, 3, 4, 5, 6, 7, 8, 9, 10, 11, 12, 13, 14, 15 … 30 – beatmen. Komm! 1, 2, 3, 4, 5, 6, 7, 8, 9, 10, 11, 12, 13, 14, 15 … 30 – mir wird schwindelig. Beatmen! 1, 2, 3, 4, 5, 6, 7, 8, 9, 10, 11, 12, 13, 14, 15 … 30 – beatmen. Ich kann nicht mehr. Ich darf nicht nachlassen. Es gibt eine Chance! 1, 2, 3, 4, 5, 6, 7, 8, 9, 10, 11, 12, 13,

14, 15 … 30 – beatmen. Plötzlich sind alle um mich herum still. Ich halte inne. Da ist was – er keucht – er kommt zurück!

»Los! Du schaffst es!«, rufe ich. Der Junge hustet. Schnell richte ich seinen Oberkörper auf. Er hustet noch einmal, schaut mich aus verwirrten dunklen Augen an.

»Gut«, sage ich beruhigend. »Atme vorsichtig und langsam.« Die Eltern sind wie erstarrt. Dann begreifen sie, was passiert ist. Ihr Sohn ist nicht tot. Er lebt!

»Holt das Auto!«, schreie ich auf Russisch. Alle starren mich verwundert an. Dann begreift Guai Yaga und übersetzt eilig meine Worte. Doch der Vater stutzt, scheint noch zu benommen von dem, was hier geschieht.

»Holt das Auto!«, rufe ich noch einmal und bemerke gar nicht, dass ich in meiner Aufregung ins Deutsche verfallen bin. Doch jetzt scheint der Vater zu begreifen, trotz der fremden Sprache, und sprintet los.

Die Mutter des Kindes beginnt zu weinen. Sie fällt neben ihrem Jungen auf die Knie und drückt ihn an sich, wiegt ihn hin und her. Ich schiebe sie sanft, aber energisch beiseite. Es ist noch zu früh, um sich zu freuen, auch wenn der Junge jetzt zunehmend an Gesichtsfarbe gewinnt. Doch er braucht noch Zeit, um in seinen eigenen Atemrhythmus zurückzufinden. Er hustet noch immer.

»Schnell, warme Kleidung, Decken!« Ich ziehe meinen Pullover aus. Die Mutter begreift. Sie entkleidet den Jungen und zieht ihm meinen Pullover an. Er versinkt darin, das ist gut so. Dann nimmt sie ihre Strümpfe und stülpt sie über die fröstelnden Kinderbeine. Ich spüre, wie Guai Yaga uns mit Energie versorgt, uns alle drei.

Das Auto rollt heran.

»Ins Krankenhaus«, rufe ich und nehme den Jungen auf meinen Arm. Guai Yaga übersetzt. Die Mutter zögert. »Los!«, schreie ich sie an. Das hat sie verstanden, auch ohne Übersetzung.

Ich sitze mit dem Jungen und seiner Mutter auf der Rückbank. Er schaut ein wenig apathisch vor sich hin, den Oberkörper an seine Mutter gelehnt. Sein benommener Blick beruhigt mich nicht gerade. Meine Finger liegen an seinem Handgelenk. Der Puls ist regelmäßig und ruhig.

Der Vater holt alles aus seinem Auto heraus. Die Straße ist gnadenlos, immer wieder werden wir im Wagen hin und her geschüttelt. Guai Yaga, auf dem Beifahrersitz, hält die Augen geschlossen. Ich weiß, dass sie all ihre Kräfte sammelt, um uns zu unterstützen. Ein gutes Gefühl, sie in solch einer Situation dabeizuhaben. Die Eltern des Kindes schauen ab und an kurz zu mir herüber. Ich kann ihren Blick nicht deuten, aber ich fürchte, dass sie mich für eine Zauberin halten.

Sie haben keinen Zweifel, dass ihr Sohn gerettet ist. Die Mutter beginnt, ganz unbesorgt ein mongolisches Kinderliedchen zu singen, und der Vater fährt so schnell er kann, obwohl man merkt, dass er den Weg ins Krankenhaus nach Ulan Bator eigentlich nicht mehr für nötig hält.

Ich will niemanden beunruhigen und bleibe mit meinen Sorgen allein. Ich weiß, dass es da noch die Möglichkeit eines sogenannten zweiten Ertrinkens gibt, verursacht durch Flüssigkeitsansammlung in den Lungenbläschen. Auch Minuten oder Stunden später kann also alles noch tödlich enden. Ich schaue den Jungen an. Halte durch! Er schenkt mir einen halbwachen Blick aus seinen kleinen braunen Augen. Leise und ruhig sage ich auf Deutsch zu ihm: »Hab keine Angst, es wird alles gut. Ich passe auf dich auf.« Meine Worte haben ihn erreicht. Schon wesentlich aufmerksamer schaut er mich an, als hätte er verstanden. Eine Weile vertiefen wir unsere Blicke ineinander, dann bemerke ich wieder dieses Gefühl, das mir schon so intensiv bei Helene im Flugzeug begegnet ist. Und ich erkenne, dass die Schamanin recht hat: Heilung ist Liebe.

Nach rekordverdächtigen zwei Stunden erreichen wir Ulan Bator. Seltsam: Diese hässliche Stadt passt in meinen Augen gar nicht in dieses außergewöhnliche Land. Doch Krankenhäuser gibt es in der Mongolei nur wenige, und so bin ich dankbar, diese Stadt nun erreicht zu haben und gleich eine Klinik zu finden. Es scheint die Universitätsklinik zu sein.

Wir parken direkt an der Straße. Der Vater nimmt seinen Sohn auf den Arm, und eilig laufen wir gemeinsam zur Notaufnahme. Es ist merkwürdig, ein Krankenhaus zu betreten. Zum einen bin ich plötzlich wieder ganz in meinem Element, zum anderen spüre ich doch einen starken Widerwillen in mir. Ich suche Guai Yagas Blick und erkenne, dass es der Schamanin an diesem Ort noch um einiges schlimmer ergeht als mir. Schweigend und unschlüssig steht sie, gekleidet in ihrem traditionellen Deel, mit wild zerzaustem Zopf in diesem hellgrauen Linoleumgang und wirkt dabei wie aus einer anderen Zeit. Fast habe ich das Bedürfnis, sie tröstend in den Arm zu nehmen und zu sagen: »Willkommen in meiner Welt.« Aber, ist das noch meine Welt? Ich denke nicht! Oder doch?

Für einen Moment bin ich verwirrt und schaue zu Guai Yaga. Sie lächelt mich unsicher an. Ich gehöre doch mittlerweile mehr zu ihr, denke ich. In ihre Welt, irgendwie. Ich laufe suchend den Gang entlang und finde endlich einen Arzt. Er spricht sogar Russisch. Schnell erkläre ich ihm, wer ich bin, was passiert ist und dass der Junge vierundzwanzig Stunden zur Beobachtung auf die Intensivstation gehört.

Der Arzt versichert mir mit Nachdruck, dass auch er das wisse und sich sofort darum kümmern werde. Ich könne mich vollends auf ihn verlassen. Und dann lächelt er auf einmal und will von mir wissen, in welchem Krankenhaus in Deutschland ich arbeite. Überrascht gebe ich ihm die gewünschte Information, und er schlägt augenzwinkernd einen Job-Austausch vor. Ich fasse das als netten Scherz auf, lache höflich und überlege, ob ich überhaupt noch in der Personalliste meines Krankenhauses geführt werde.

Eine Schwester führt die Eltern mit dem Jungen den Gang hinunter, in einen Raum. Der Vater trägt seinen Sohn noch immer auf dem Arm. Ich blicke ihnen nach, bis sie durch die Tür verschwinden, dann lasse ich erschöpft die Schultern sinken. Ich drehe mich um. Guai Yaga steht hinter mir. Wir suchen uns eine Bank und lassen uns müde darauf fallen. Eine Weile sitzen wir still nebeneinander. Dann sagt sie: »Was du getan hast, Nida, hätte ich niemals tun können. Du bist wahrlich eine großartige Heilerin.«

Ich lächele. Dann hole ich vorsichtig die Adlerfeder aus meinem Strumpf hervor. Sie ist nur ein ganz klein wenig in Mitleidenschaft gezogen worden. Vorsichtig streiche ich sie wieder glatt und antworte: »Es ist gut, etwas von dieser und etwas von jener Medizin zu verstehen.«

Am Abend sind wir wieder zurück in Guai Yagas Jurte. Der Vater hat uns, nachdem sein Sohn sicher auf der Intensivstation untergebracht war, nach Hause gefahren. Er erklärte uns während der Fahrt, wie das Unglück am Vormittag geschehen ist: Sie hatten das Auto geparkt und wollten nur noch ganz schnell am Fluss Wasser holen, als der Junge plötzlich weg war. Kurz darauf sahen sie ihn schon im Fluss treiben.

Ich bin hungrig und sehr nachdenklich. Die letzten Stunden, ja Tage, waren für mich bedeutsamer, als ich es im Moment verkraften kann.

Still sitzen wir am Boden und nehmen unsere Mahlzeit ein. Die alte Schamanin sieht erschöpft aus. Für einen kurzen Moment treffen sich unsere Blicke. Und auf einmal weiß ich, dass wir ab diesem Augenblick nicht mehr Schülerin und Lehrerin, sondern Partnerinnen sind.

TAG 14

Am nächsten Morgen, wir sitzen gerade beim Frühstück, kommt ein alter Mongole zur Tür herein. Unsicher hält er seine Mütze in den Händen und drückt sie nervös zusammen. Dann verbeugt er sich und sagt etwas auf Mongolisch, was ich nicht deuten kann. Weder scheint er Guai Yagas Hilfe in Anspruch nehmen zu wollen, noch scheint er nur auf einen Tee vorbeigekommen zu sein. Doch er fühlt sich unwohl in seiner Haut, das ist offensichtlich. Guai Yaga nickt ihm zu und deutet auf den Platz, der ausschließlich für Heilzeremonien vorgesehen ist.

Der alte Mann setzt sich. Er wagt es nicht, mich anzusehen, was mich sehr verwundert.

Guai Yaga wendet sich mir zu. Sie schaut zu Boden und geht einen Moment lang in sich. Dann blickt sie mich geradeheraus an, lächelt schelmisch, und ihre kleine Zahnlücke blitzt auf. In ihrem Gesicht kann ich lesen, dass ihr der merkwürdige Besuch Freude bereitet. Dann wird sie wieder ernst und sagt: »Ich soll dir mitteilen, dass er den weiten Weg gekommen ist, weil er zu der Heilerin aus Deutschland möchte.«

Mir fällt fast der Milchtee aus der Hand. Sprachlos schaue ich die Schamanin an. Guai Yaga blickt regungslos zurück, als wäre das Anliegen dieses Mannes normaler Alltag. Ich schaffe es nicht, eine angemessene Reaktion zu zeigen, und starre die Schamanin bewegungsunfähig an. »Komm!«, sagt ihr Blick. »Tue, was dein Job ist.« Dann gibt sie mir zu verstehen, dass mir die Jurte als Behandlungsraum vollständig zur Verfügung steht.

Ich stehe auf, sehr langsam, und räume das Geschirr weg. Ich bin unsicher, was ich nun tun soll. Ich habe schon in meiner Laufbahn als Ärztin viel erlebt, doch in diesem Moment fühle ich mich wie damals, als ich mein Studium gerade abgeschlossen hatte und dem allerersten Patienten gegenüberstand, mir der Verantwortung deutlich bewusst, die mit einem Male auf mir lastete.

Guai Yaga hat sich auf einen Platz etwas abseits des Geschehens zurückgezogen und beobachtet mich.

Der Mongole hingegen starrt weiterhin geduldig abwartend auf die mittlerweile völlig zerdrückte Mütze in seinen Händen.

Ich drehe beiden den Rücken zu und denke nach. Das ist kein Zufall – das ist der Weg! Erst war da die Rettung des Jungen, und nun geht es weiter mit diesem Mann, der hier sitzt und sich Hilfe erhofft. Vor vier Tagen bin ich meinem wahren Ich begegnet: Mir wurde bewusst, dass ich Heilerin bin – und immer sein wollte. Nur wie ich mein Leben mit dieser neuen Erkenntnis gestalten sollte, wusste ich noch nicht. Dann kam die Einweihung, und ich bat um eine Vision. Und seitdem geht alles so schnell. Ich beobachte mich selbst. Eindeutiger kann sich ein Weg kaum offenbaren.

Ich gehe mit dem Bewusstsein in mein Herzzentrum, zentriere mich dort und sammle meine Kraft. Dann wende ich mich entschlossen um und schaue den Mann lange an. Er hebt verunsichert seinen Kopf und schaut wie ein kleiner Junge zu mir auf. In diesem Moment erkenne ich seine Seele. Sie ist voller Angst und tief verletzt. Der Mann fürchtet sich regelrecht vor mir. Ich schätze sein Alter auf ungefähr sechzig Jahre. In seinem faltigen Gesicht glaube ich zu erkennen, wie sehr er mit Gefühlen hadert, die sich vor langer Zeit in ihm entwickelt haben. Es fällt mir nicht schwer, in diesem Moment Liebe für ihn zu empfinden. Den verletzten Seelenanteil eines Menschen zu erblicken, ist von unbeschreiblicher Bedeutung, ein Geschenk reiner Wahrheit, dem man nur mit Mitgefühl und Nächstenliebe begegnen kann.

Ich setze mich auf den zweiten Hocker, dem Mann gegenüber. Dann frage ich den Mongolen auf Russisch, was sein Leid sei. Er fängt an zu weinen. Ich bin mir nicht mal sicher, ob er meine Worte verstanden hat, doch ich scheine ihn tief berührt zu haben, womit auch immer. Ich nehme seine zitternden Hände in meine und halte sie, bis er sich beruhigt hat. Dann übersetzt Guai Yaga meine Frage für ihn ins Mongolische.

Er antwortet mit leiser dunkler Stimme, und seinen Gebärden kann ich entnehmen, dass er ein Problem in der Magengegend hat. Nachdem er fertig gesprochen hat, schaut er hoffnungsvoll zu mir auf. Guai Yaga erklärt, dass er häufig krampfartige Schmerzen im Oberbauch habe und unter Sodbrennen und Druckgefühl leide. Manchmal sei er sogar völlig ohne Appetit und esse den Tag über nichts. Außerdem habe er in der Nacht Ängste.

Ich bitte den Mongolen, sich auf das Bett zu legen. Dann taste ich seinen Bauch gründlich ab.

Er verfolgt meine Untersuchung mit besorgtem Blick.

Ich kann nichts Auffälliges entdecken. Unter anderen Umständen würde ich noch eine Endoskopie machen. Aber ich habe nun keinerlei Instrumente und Medikamente bei mir, und in dieser absoluten Abgeschiedenheit der Mongolei liegt ein Mensch vor mir, der sich von mir als Ärztin Hilfe verspricht. Also werde ich ihn behandeln, und mir wird die Bedeutung des Wortes, das ich schon so oft achtlos gebraucht habe, zum ersten Mal richtig bewusst. Ich habe nichts zur Verfügung außer meinen Händen und behandle ihn nun. Ich bitte ihn, seinen Mund weit zu öffnen und werfe einen gründlichen Blick auf die Zunge und in den Rachen. Dann bedeute ich ihm, dass er sich wieder aufsetzen darf.

So wie dieser Mann auf mich wirkt und seine Symptome lassen mich zu dem Schluss kommen, dass er unter einem nervösen Magen leidet. Ich frage ihn, ob er Kummer oder Sorgen habe.

Der Mongole schaut mich überrascht an, doch dann erzählt er, dass diese Krankheit ihn begleite, seit er im Alter von achtzehn Jahren seinen Vater verlor. Ich bitte ihn, mir die ganze Geschichte zu erzählen. Er wandert augenscheinlich in seiner Erinnerung viele Jahre zurück und beginnt zu erzählen. Er berichtet, wie er mit seinem Vater die Ziegenherde auf einen höhergelegenen Weideplatz treiben musste. Eine Aufgabe, die sie schon oft gemeinsam erledigt hatten. Dieses Mal war es so, dass sie aufgrund der Entfernung die Nacht auf dem Berg verbringen mussten. Dem Vater sei es den ganzen Tag schon nicht gut gegangen, und am späten Abend bekam er dann plötzlich hohes Fieber. Voller Sorge habe er sich keinen anderen Rat gewusst, als dem Vater vorzuschlagen, ihn auf das Pferd zu setzen und zurückzubringen. Doch dieser weigerte sich hartnäckig. Es sei zu gefährlich, in der Dunkelheit zurückzureiten, und er würde sich in der Nacht gesund schlafen. Davon war der Vater trotz langen Zuredens nicht abzubringen. So habe er schließlich auf seine Worte gehört, da das Sprechen den Vater noch zusätzlich schwächte. Die ganze Nacht habe er wachend bei ihm gesessen, ihm die Stirn gekühlt und ihm Wasser gereicht. Irgendwann sei er aber doch selbst eingenickt. Als er kurze Zeit später erwachte, war der Vater tot.

Niemals könne er das vergessen, und Zeit seines Lebens habe er sich schwere Vorwürfe gemacht, weil er nicht helfen konnte. Seitdem, so schließt er, sei diese Krankheit da. Und sie wurde schlimmer im Laufe der Jahre, je mehr Schicksalsschläge und Sorgen sein Leben ereilten.

Betroffen nehme ich seine Hände und schaue ihn eindringlich an. Dann bitte ich Guai Yaga, jedes meiner Worte genau zu übersetzen.

Ich atme tief ein und wieder aus. Ich sage zu ihm, er solle sich nun vorstellen, dass ich sein Vater sei. Er solle mir nachsprechen, denn ich könne ihm versichern, dass diese Worte ihm Heilung bringen würden.

Er schaut mich hoffnungsvoll an, und für einen Moment bekomme ich Angst, dass ich mein Versprechen nicht halten kann. Doch dann sage ich:

»Vater, ich bin nicht Schuld an deinem Tod.«

Guai Yaga übersetzt, er zögert, schaut mich an, dann aber wiederholt er den Satz. Und ich sehe, wie sich seine Augen mit Tränen füllen.

Noch einmal sage ich: »Vater, ich bin nicht Schuld an deinem Tod. Ich vergebe dir, dass du damals gestorben bist und mich mit meiner Not alleingelassen hast. Und ich vergebe mir selbst, dass mich deswegen bis zum heutigen Tag Angst und Selbstvorwürfe plagen. Ich vergebe mir, dass ich dir nicht helfen konnte, denn so war die Situation. Mich trifft keine Schuld an deinem Tod. Mit diesen Worten bin ich frei davon. Und ich darf endlich mit Freude leben.«

Der alte Mongole spricht all das nach und fängt bitterlich zu weinen an. Ich stehe auf, stelle mich dicht neben ihn und streichle seinen Kopf. Er lehnt sich an mich und weint wie ein kleiner Junge all seinen Schmerz heraus.

Von außen betrachtet wirkt die Situation sicher seltsam. Ich stehe hier und streiche dem fremden Mongolen über das schüttere Haar. Doch für mich fühlt es sich völlig richtig an.

Nach einer Weile ebbt sein Kummer ab, und er braucht meinen Halt nicht länger. Ich setze mich wieder auf meinen Platz ihm gegenüber und sage ihm, er solle auf diese Worte vertrauen. Sie seien von nun an seine Botschaft und der Weg zur Heilung.

Dann wende ich mich an Guai Yaga und bitte sie um ihre Meinung. Die alte Schamanin nickt. Ausführlich tastet sie daraufhin seinen energetischen Körper ab und bestätigt schließlich meine Einschätzung.

»Gut«, sage ich. »Gerne würde ich ihm jetzt zur Unterstützung ein linderndes Medikament gegen seine Magenschmerzen geben. Aber ich habe keines.«

»Die Erde ist reich an passenden Mitteln gegen sein Leiden«, antwortet Guai Yaga in der ihr eigenen Art. »Du bist in der Mongolei. Hier kannst du ihm nur mit dem helfen, was da ist.«

»Aber wie soll ich wissen, welche Pflanze oder welches Kraut ihm hilft?«

»Ganz einfach: Frag die Erde.«

Ich seufze. Also gut, warum nicht. Ich habe soeben auf für mich völlig neue Art und Weise einen Menschen behandelt. Warum sollte ich dann nicht auch die Erde nach einer geeigneten Medizin fragen?

Ich nehme erneut die Hände des Mongolen in meine und vertiefe mich in eine Meditation. In Gedanken verbinde ich mich mit der Erdseele. Ein starkes Gefühl der Liebe und Kraft durchfließt mich. Es fühlt sich wunderbar an. Ich frage, was meinem Patienten helfen könnte. Und es klingt unglaublich, aber sofort bekomme ich eine Antwort.

Ich öffne die Augen und sage: »Wermut.«

Guai Yaga strahlt. Sie scheint sehr stolz auf mich zu sein. Dann teilt sie dem alten Mongolen mit, er solle Wermutsaft trinken.

Er will wissen, wie oft und wie lange. »Vier Wochen«, gebe ich zur Antwort. »Vor dem Essen, aber nur einen Teelöffel voll. Dann pausieren und beobachten, ob es besser wird.«

Der alte Mongole ist glücklich. Mehrmals verbeugt er sich vor mir. Dann geht er kurz hinaus und kommt einen Moment später mit seiner Satteltasche wieder herein. Umständlich öffnet er die Lederriemen, greift hinein, blickt mich freudig an und reicht mir schließlich als Dank für meine Heilung – ich kann es kaum glauben – eine kleine, wunderschön geschnitzte Holzskulptur in Form eines Adlers.

An diesem Tag meiner ersten, wie ich finde, richtigen Heilung suchen mich noch drei weitere Patienten auf. Sie alle haben von der »Zauberkraft« gehört, mit der ich den Jungen zurück ins Leben geholt habe. Auf diese Weise erfahre ich auch, dass es ihm wieder gut geht und er bereits aus dem Krankenhaus entlassen wurde.

»Ja, so ist das in der Mongolei«, erklärt mir Guai Yaga grinsend. »Hier braucht man kein Telefon, und die Kunde von einer neuen Heilerin ist immer etwas Besonderes und Erfreuliches, gern kommt man, schenkt ihr Aufmerksamkeit und bringt ihr Achtung entgegen.«

So bin ich nun also Heilerin, und ich erlebe zum ersten Mal, wie wunderbar diese Aufgabe ist – auch wenn mir außer meiner Intuition, meinem studierten Wissen und den neu gelernten Heilmethoden keine weiteren Hilfsmittel zur Verfügung stehen. Doch ich habe Vertrauen, und ich habe Guai Yaga an meiner Seite, die mich auf meinen ersten Schritten unterstützend begleitet.

Den beiden Patienten, die uns nach dem alten Mongolen aufsuchen, können wir als Team sofort helfen. Der eine, ein Mann in den Vierzigern, bekommt von mir einen strengen Ernährungsplan, da sein hoher Blutdruck sowie seine Magen- und Darmbeschwerden von falschen Ess- und Trinkgewohnheiten herrühren. Ich warne ihn eindringlich vor den Folgen und befehle ihm in seinem eigenen Interesse, meine Empfehlungen gleich umzusetzen. Die andere Patientin, eine junge Frau, hat einen Bänderriss. Ich schneide ihr aus einem alten Lederstiefel, den Guai Yaga netterweise zur Verfügung stellt, eine Art Therapieschuh zurecht, den sie mindestens sechs Wochen lang tragen soll. Außerdem soll sie ihr Bein schonen. Wenn ich medizinisch doch nur ein wenig besser ausgestattet wäre ... Doch es hilft nichts: Ich muss mit dem vorliebnehmen, was da ist.

Wieder befrage ich die Erde und meine Intuition nach geeigneten Unterstützungsmaßnahmen und finde heraus, dass einige Pflanzenarten, die reichhaltige Kieselgurspender sind, helfen. Das Erstaunlichste daran: Vorher wusste ich das nicht, weil ich mich mit Heilpflanzen nicht auskannte. Guai Yaga verrät mir hinterher, was es mit den Pflanzen, deren Namen plötzlich in meinem Kopf sind, auf sich hat.

Der dritte Patient allerdings, ein jüngerer Mann, bereitet mir von dem Augenblick an, in dem er die Jurte betritt, die größten Sorgen. Sofort vermute ich eine ernstere Erkrankung, und mein Eindruck bestätigt sich bei genauerer Untersuchung immer mehr. Ich bitte Guai Yaga um Unterstützung. Auch sie hat einen schlimmen Verdacht. Da die Zeit eilt, weise ich ihn an, umgehend ein Krankenhaus in Ulan Bator aufzusuchen. In meinen Augen ist eine Operation unvermeidlich, wenn man sein Leben retten will. Erst wenn diese erfolgt sei, solle er wiederkommen, damit Guai Yaga mit ihm zusammen an der Ursache der Krankheit arbeiten könne. Der junge Mann wird blass, aber er verspricht, noch heute in die Stadt zu reisen. Sein Bruder, der ihn zu uns begleitet hat, nickt mit ernstem Gesichtsausdruck und ist sofort bereit, ihn nach Ulan Bator zu fahren.

So vergeht mein vierzehnter Tag in der Mongolei – und ich bin Heilerin!

Am Abend sagt Guai Yaga zu mir: »Heute hast du nicht, wie früher, nur den sichtbaren Körper des Menschen geheilt. Du hast verstanden, wie wichtig es ist, Heilung in den umgebenden Energiekörpern geschehen zu lassen. Du hast den Menschen, die zu dir kamen, geholfen, ihre Gedanken und Gefühle zu betrachten und dort mit der Heilung zu beginnen. Wisse um den Körper, in dem die Gefühle ruhen, um den Körper, in dem die Gedanken wohnen. Doch der mächtigste von allen ist der, in dem die Seele wohnt. Hilf den Menschen, den Weg ihrer Seele zu gehen, Nida Janusz. Du wirst es schaffen, das weiß ich.«

TAG 15

Der Yakschwanz peitscht mir ins Gesicht. »Komm, halte still. Ich bin gleich fertig.« Ich kraule der Yakkuh liebevoll ihren Bauch, während ich mit der anderen Hand weiterhin ihr Euter bearbeite. Von hinten stupst mich frech eine kleine Fohlennase an.

»Ponymama, kümmere dich mal um dein Kind!«, rufe ich der Stute zu. Doch die frisst in Seelenruhe ein paar Grashalme und scheint ganz froh darüber zu sein, ihren Sohn bei mir gut aufgehoben zu wissen.

Ich ziehe den vollen Eimer unter dem Bauch der Yakkuh hervor. Ich finde, der Name Mathilde stände ihr gut.

»Seit zwei Wochen melke ich dich nun jeden Tag«, sage ich zu der Kuh und kraule ihre Stirn, denn das hat sie besonders gern. »Was soll ich nur tun, wenn ich zurück in Deutschland bin? Ich fürchte, ich muss mir einen Yak zulegen.« Mathilde schließt genussvoll die Augen. Ich denke seit gestern viel über meine Heimreise nach.

Die siebzehn Tage sind fast um. Ich weiß zwar noch immer nicht, was damals mit mir in der Fußgängerzone geschehen ist, aber es ist auch nicht mehr so wichtig. Ich interpretiere es mittlerweile als einen Streich meiner Seele, die unbedingt hierher wollte.

Auch heute werden wieder Menschen kommen, die sich von uns Heilung versprechen. Ich freue mich darauf. Es gefällt mir, ihnen zu helfen, insbesondere wenn ich dabei mit Guai Yaga zusammenarbeiten kann. Und es macht mich traurig, in drei oder vier Tagen abreisen zu müssen. Aber – muss ich überhaupt?

Ich verlasse nachdenklich die Weide. Mathilde schaut mir mit schläfrigem Blick hinterher. Ich gehöre nach Deutschland, entscheide ich. Es wird sehr reizvoll und spannend werden, mit meinem neu erlangten Wissen zurück ins Krankenhaus zu gehen. Ich denke, dass es wichtig ist, eine neue Energie an meinen alten Arbeitsplatz zu bringen. Und wenn ich spüre, dass ich scheitere und wieder in den alten Trott gerate, dann eröffne ich vielleicht eine eigene Praxis. Wer weiß? Das war schließlich schon immer einer meiner Wünsche. So könnte ich alles Wissen miteinander vereinen und den Menschen mit all meinen Möglichkeiten helfen. Ich freue mich auf die neuen Aufgaben und Herausforderungen, die in meiner Heimat auf mich warten.

Singend trete ich in die Jurte. Guai Yaga hat Fladen gebacken. Als sie mich sieht, wischt sie ihre Hände ab und bittet mich an den Tisch. Ich stelle den Milcheimer auf den Herd und setze mich mit leichtem Unbehagen. Ich spüre, dass sie mir etwas Wichtiges sagen will. Mittlerweile kenne ich die Schamanin gut genug, um das zu spüren. Ich schenke uns still einen Tee ein und warte auf das, was sie mir zu sagen hat.

Guai Yaga nimmt die Tasse in die Hand und schließt die Augen. Sie bedankt sich auf diese Weise für den Tee. Bedächtig nimmt sie einen Schluck, dann sieht sie mich an.

»Heute ist der letzte Tag«, sagt sie, »an dem du von mir eine Aufgabe erhältst. Ab morgen bist du auf dich gestellt.«

Ich schlucke. Das widerstrebt mir. Meine Lehrzeit soll nun um sein? Die Worte der Schamanin sind ein sanfter Stups: Ich soll wieder auf eigenen Beinen stehen.

»Warum?«, höre ich mich fragen. »Es ist doch erst der fünfzehnte Tag. Was ist mit den beiden verbleibenden?«

Guai Yaga lächelt. »Das wirst du verstehen, wenn es so weit ist. Wir haben gestern gemeinsam geheilt. Heute werden wir es wieder tun. Du bist in diesen fünfzehn Tagen weit gekommen, vorerst weit genug! Entwicklung braucht Zeit, sonst kehrt sie sich um. Aber ich möchte dir noch etwas mit auf deinen Weg geben, bevor sich die Ereignisse überschlagen.«

»Überschlagen? Welche Ereignisse?«

Guai Yaga antwortet auf meine Fragen nicht. Stattdessen erhebt sie sich und geht zur Kommode.

Sie kommt mit einem Gegenstand in der Hand wieder. Es ist die bunt verzierte, zart geschnitzte Pfeife, die wir schon nach meiner Einweihung geraucht haben. Ich erkenne das kostbare Stück sofort wieder. Guai Yaga reicht mir die Pfeife, und ich nehme sie auf mongolische Art entgegen: mit der rechten Hand, während die linke den Ellbogen stützt.

»Diese Pfeife wird dich immer mit mir verbinden, wo auch immer du bist. Unsere Energien werden sich miteinander vereinen, wenn du es willst. An deinem letzten Tag werden wir sie gemeinsam rauchen.«

Ich lasse den Kopf hängen und kämpfe mit den Tränen. »Ich danke dir für dieses wunderbare Geschenk, aber es ist auch so traurig.«

Guai Yaga streicht über meine Hände, die nun ehrfurchtsvoll die Pfeife halten. »Es ist gut so. Sie ist bei dir genau richtig. Und jetzt sprich nicht mehr, denn ich will dir noch etwas mit auf deinen Weg geben, was sehr wichtig ist. Es ist die vorerst letzte Lehre für dich. Sie ist im Grunde ganz einfach, jedoch ist sie nicht einfach umzusetzen. Willst du ein erfülltes, bewusstes Leben führen, dann erinnere dich immer daran.«

Guai Yaga schließt die Augen und atmet mehrmals tief ein und aus. Dann öffnet sie die Augen und lächelt mich weise an. »Pferde stehen fest auf vier Füßen«, erklärt sie. »Deswegen fallen sie auch nicht um. Sie stehen stolz, kraftvoll und gut geerdet. Wir Menschen stehen nur auf zwei Beinen und sind deswegen meist nicht besonders stabil. Doch wenn du«, und jetzt schaut sie mich eindringlich an, »deine Entwicklung weiterführen willst, dann brauchst du ein festes Fundament, das aus vier Stützen besteht.«

Ich nicke.

»Gut. Die erste Stütze ist die Verbindung zu deinem Körper, dem physischen Körper und dem Energiekörper. Sorge dafür, dass es beiden gut geht, nähre sie, und lasse sie vital und kraftvoll sein.« Guai Yaga schaut mich erwartungsvoll an.

Wieder nicke ich.

»Als Nächstes stelle dir die Frage, wie du dein wahres Ich auf dieser Erde ausdrückst. Was gibst du der Welt? Wofür verwendest du deine Energie? Um anderen zu dienen? Hinterfrage deine Einstellung zu deinem Beruf oder zu dem, worin sich deine Persönlichkeit ausdrückt. Es ist wichtig, dass du deine Kraft einsetzt, um dir selbst und anderen etwas zu geben.«

»Ja«, sage ich und denke, dass ich bei den ersten beiden Stützen bis zu dem Zeitpunkt, als ich hierher kam, schon mal ziemlich versagt hatte.

»Das dritte ›Bein‹, auf dem du fest stehen solltest, sind deine Beziehungen. Die Beziehung zu dir selbst und die zu anderen. Liebst du dich? Liebst du andere? Oder glaubst du, Freundschaften mit anderen Menschen seien überflüssig und du brauchtest niemanden? Das ist ein Trugschluss. In der Verbindung mit anderen offenbarst du deinen Entwicklungstand, sie sind dein Spiegel. Lebe den Kontakt mit anderen Menschen aufrichtig und ehrlich, ohne irgendetwas zu verstecken.«

Ich nage auf meiner Unterlippe herum und seufze tief.

Guai Yaga lächelt mich ermutigend an. Sie wird wissen, wie schlecht es um meine zwischenmenschlichen Kontakte bestellt ist.

»Zu guter Letzt lege ich dir die Verbindung zu den heiligen Elementen nahe. Luft, Feuer, Wasser, Erde – aus ihnen besteht die Welt. Alle vier sind von einem Bewusstsein beseelt. Halte Verbindung zu ihnen in Liebe und Dankbarkeit und dem tiefen Verständnis für ihre Heiligkeit. Diese vier Stützen sollen dich tragen, und wenn sie stabil sind, wird es ein kraftvoller Weg sein.«

Ich gehe nach draußen. Nachdenklich wandere ich ein wenig herum. Mein Fundament ist mehr als schlecht, das muss ich mir selbst eingestehen. Meinem Körper habe ich bisher nur wenig Beachtung geschenkt. Ich habe ihn vielleicht gepflegt und gekleidet, auch darauf geachtet, dass er gut aussieht, nicht allzu sehr mit ungesunden Dingen belastet und ausreichend bewegt wird. Aber so wirklich bewusst habe ich mich nicht mit ihm auseinandergesetzt. Ich habe meinem Magen nie dafür gedankt, dass er die Nahrung, die ich ihm gebe, ohne Beschwerden aufnimmt – oder meinem Herzen dafür, dass es schlägt. Von der Existenz eines energetischen Körpers, der auch genährt werden will, habe ich erst vor Kurzem erfahren. Doch ich möchte diese Dinge in Zukunft in mein Leben integrieren. Anderen geholfen habe ich, berufsbedingt, schon immer. Aber von bewusster Hingabe konnte bis zu dieser Reise keine Rede sein. Wie sehr das auf meine eigenen Kosten ging, weiß ich erst jetzt. Ich habe meine Lektion begriffen und bin, wie ich finde, bereits auf einem guten Weg. Guai Yaga und die Schönheit der Mongolei haben mich sogar gelehrt, achtsam mit den heiligen Elementen umzugehen. Ich bin mit ihnen und ihrer Schönheit in Kontakt und möchte es auch nach meiner Rückkehr sein. Längst ist die Kommunikation mit der Erdseele für mich zur Normalität geworden, Flusswasser zu trinken und mich damit zu waschen, vermittelt mir ein ganz neues Verständnis für dieses Element, und die Luft ist reine, nährende Energie, die ich als solche bisher nicht wahrgenommen habe. Es wird mir schwerfallen, mich wieder in Häusern aufzuhalten. Doch die Stütze, die mir am meisten Sorgen bereitet, ist wohl die, die meine zwischenmenschlichen Beziehungen symbolisiert … die ich nicht habe. Ich pflege kaum Freundschaften, dazu fehlt es mir an Zeit. Außerdem habe ich keinen Kontakt zu meiner Familie. Auch sonst gibt es niemand Bestimmten in meinem Leben. Ein bedenklicher Zustand. Tatsächlich habe ich immer geglaubt, ich bräuchte niemanden, und habe meine ganze Energie in die Arbeit mit meinen Patienten gesteckt. Aber, um ehrlich zu sein, habe ich auch zu denen keine Beziehung aufgebaut. Ich seufze. Ich werde versuchen, es in Zukunft besser zu machen, das verspreche ich mir. Wenn ich genau überlege, stelle ich fest, dass ich in der kurzen Zeit in der Mongolei mehr intensive und bereichernde Begegnungen hatte als in den vergangenen Jahren in Deutschland. Ich werde nicht mehr dieselbe sein, wenn ich zurückkehre.

Der Nachmittag hält eine Überraschung für Guai Yaga und mich bereit. Ich verabschiede soeben einen Patienten, einen jungen Mann, der unter Rückenschmerzen leidet, als ein Auto vorfährt. Es ist das der mongolischen Kleinfamilie. Ich bin gespannt, was ihr Anliegen ist, und möchte natürlich auch wissen, wie es dem Jungen geht. Doch von der Rückbank klettert nicht etwa der kleine Sohn, sondern Ganbat. Er trägt zwei große Flaschen im Arm und strahlt über das ganze Gesicht. Die Frau, Zezgee, winkt uns freudestrahlend entgegen. Sie trägt einen Korb mit Gebäck in der Hand, und ihr Mann, Sanjaa, holt einen großen Topf aus dem Auto hervor. Ich habe den

Eindruck, dass die drei eine kleine Party mit uns veranstalten wollen. Fragend schaue ich zu Guai Yaga. Sie nickt nur und scheint einverstanden zu sein.

»Sain uu, Nida«, werde ich laut begrüßt und von allen herzlich umarmt. Zezgee und Sanjaa sind voller Dank. Ihre Worte überschlagen sich, sie preisen mich fast bis in den Himmel. Ganbat übersetzt – so gut es ihm bei all dem Durcheinander gelingt. Guai Yaga kichert und scheint Zezgee und Sanjaa in dem Glauben zu bestärken, dass ich ein Wunder vollbracht habe. Irgendwie gelingt es uns doch noch, in die Jurte zu gelangen. Der Eintopf kommt auf den Herd, und jedem wird von Guai Yaga ein Platz zugewiesen. Gesalzener Tee und Gebäck machen schließlich die Runde.

Ich erfahre, dass es dem Jungen sehr gut geht. Heute ist er bei den Großeltern und seinen Geschwistern in der Jurte der Familie geblieben. Immer wieder spüre ich Sanjaas und Zezgees dankbare Blicke auf mir ruhen. Ganbat teilt mir mit, dass ich nach dem Essen ein Geschenk bekäme. Ich versichere, dass das überhaupt nicht nötig sei, gebe aber schnell jeden weiteren Widerstand auf, um Sanjaas und Zezgees gespielte Empörung nicht noch zu verstärken.

Wir verspeisen den Kartoffel-Wildgemüse-Eintopf schweigend, denn Guai Yaga duldet beim Essen keine Gespräche. Nach meinem Empfinden schmeckt er sehr lecker, aber es fehlt ein wenig Salz. Dann geht, ganz nach mongolischer Tradition, der Milchschnaps herum, und es wird wieder laut und fröhlich. Guai Yaga gibt einen Trinkspruch zum Besten, taucht den Ringfinger in ihr Glas und verspritzt ein paar Tropfen in alle Himmelsrichtungen. Dann übergibt sie mir die Flasche. Ich nehme sie mit der rechten Hand entgegen, schenke mir ein und übergebe sie an Sanjaa. So geht die Flasche einmal im Kreis herum, und plötzlich wird auch von mir erwartet, dass ich ein paar Worte sage. Ich sträube mich nicht lange und sage auf Deutsch: »Möge es eine schöne Party werden. Auf die Gastgeberin! Auf die Gäste! Zum Wohl! Prost!«

Alle heben ihre Gläser freudig in die Höhe und rufen: »Prost!«

Dann wird es wieder ernst, und Sanjaa erhebt sich. Er verbeugt sich leicht vor mir und beginnt zu sprechen. Zezgee nickt zu seinen Worten. Ich schaue Guai Yaga an, die auf ihrem Thron sitzt und sehr stolz aussieht. Schließlich übersetzt Ganbat Sanjaas Worte für mich.

»Die ganze Familie wird Ihnen ewig dafür dankbar sein, dass Sie ihren Sohn gerettet haben. Sie wollen sich dafür einsetzen, dass die gesamte Mongolei von Ihnen und diesem besonderen Ereignis erfährt. Kein Dank der Welt werde Ihrer außergewöhnlichen Tat auch nur annähernd gerecht, aber sie wollen es wenigstens versuchen und Ihnen ein Geschenk machen.«

Sanjaa hat seinen letzten, feierlichen Satz bereits zu Ende gesprochen. Die anderen wissen nun wohl schon, was ich geschenkt bekomme, denn Guai Yaga macht große Augen und fängt haltlos an zu kichern. Ganbat schaut mich strahlend an und sagt voller Stolz:

»Und deswegen, liebe Nida, schenken Sanjaa und seine Familie Ihnen einen Yak.«

Ich bin sprachlos.

Alle Augenpaare ruhen erwartungsvoll auf mir. Doch ich kann nichts sagen. Sanjaa und Zezgee schauen sich glücklich an, denn sie deuten meine Reaktion als Ausdruck fassungsloser Freude. Tatsächlich finde ich das Geschenk unwahrscheinlich großzügig und originell. Erst heute Morgen hatte ich noch darüber nachgedacht, wie schön es wäre, einen Yak wie Mathilde zu haben. Allerdings gibt es bei mir in der Straße keine Möglichkeit, einen Yak zu halten. Egal! Ich erhebe mich feierlich und bedanke mich auf deutsche Art bei Zezgee und Sanjaa, indem ich sie fest an mich drücke und meine Rührung über ihr Geschenk deutlich zum Ausdruck bringe. Wieder geht der Milchschnaps herum, und ich nutze die Gelegenheit, Guai Yaga zu fragen, ob ich wohl einen Yak bei ihr unterstellen dürfte. Die alte Schamanin lacht laut auf und versichert mir: »Dein Yak wird es gut bei mir haben. Und schließlich kannst du ihn ja zu jeder Zeit besuchen.« Dann stimmt Sanjaa ein Liedchen an, in das alle einstimmen. Nach dem dritten Schnaps kann sogar ich mitsingen.

So vergeht der Abend. Wir lachen, wir essen, wir trinken, bis mir so schwindelig wird wie nach meiner Einweihung.

Den drei Besuchern scheint der Milchschnaps nicht ganz so zugesetzt zu haben wie mir, jedenfalls machen sie sich nach einigen Stunden singend auf den Heimweg. Zum Abschied wird kräftig gewinkt, und Ganbat verspricht, mich in drei Tagen abzuholen und nach Ulan Bator zurückzubringen. Dann verschwindet das Auto der Gäste mit röhrendem Auspuff in der mongolischen Dunkelheit.

TAG 16

Guai Yaga hat mich beauftragt, im Wäldchen Wacholder zu schneiden. Diese Aufgabe erledige ich gern. Ich spüre hier die tiefe Verbundenheit mit den Bäumen und anderen Pflanzen. Sie leben in ihrer eigenen Welt, und doch erscheint mir diese vergleichbar mit der unseren. Wir brauchen die gleiche Nahrung, Wasser und Licht, und jeder hat seine individuelle Gestalt, steht allein oder aber nah bei anderen – so wie wir auch.

Ich begrüße den Wacholderbusch und bitte ihn um die Menge an Zweigen, die er mir heute geben mag. Dann fange ich an, sie abzuschneiden, bis ich, wie jedes Mal, das Gefühl bekomme: Nun ist es genug. Ich schaue in mein Körbchen, vierzehn Zweige liegen darin. Das muss reichen. Ich lächele. Zu Hause darf ich niemandem davon erzählen, man würde mich für verrückt halten. Doch ich denke, Guai Yaga wird über meine sich langsam entwickelnde Sensibilität erfreut sein. Sie wird mir sicher bestätigen, dass ich genau richtig handele, wenn ich auf meine Intuition vertraue und dadurch in der Lage bin, die Botschaften der Pflanzenwelt zu verstehen. Meine Heimat in Deutschland und die der alten mongolischen Schamanin sind schon zwei sehr verschiedene Welten.

Ich wandere zurück zur Jurte und erkenne schon von Weitem, dass wir, wie immer zu dieser Tageszeit, Besuch haben. Ein sehr großer und relativ neuer Geländewagen parkt neben der Tierweide. Ich kenne das Auto nicht, doch der Besitzer hat entweder viel Geld, oder er hat sich extra einen Leihwagen besorgt, um aus der Stadt hierherzukommen. Ich bin neugierig und beschleunige meinen Schritt ein wenig.

Guai Yaga steht draußen am Pferch und füttert die Tiere. Seltsam. Sie lässt den Besuch allein in der Jurte? Das ist ungewöhnlich. Ich winke der Schamanin zu. Sie schaut auf. Ihr Blick ist ernst.

»Gehe nur hinein«, sagt sie. »Wir haben Besuch.«

Mir wird merkwürdig zumute. Was hat das zu bedeuten? Ich nicke still und stelle den Korb mit den Wacholderzweigen bei ihr ab. Dann nähere ich mich langsam dem Eingang der Jurte. Mein Herz klopft plötzlich sehr schnell. Seltsam. Ich habe Angst, hineinzugehen. Unsicher öffne ich die Tür.

Drinnen sitzt ein Mann. Er sitzt rechts, gleich neben Guai Yagas Platz, was bedeutet, dass er ein angesehener Gast ist. Meine Augen gewöhnen sich nur langsam an die Dunkelheit. Ich blinzele, nun kann ich ihn deutlicher erkennen.

»Hallo Nida«, sagt er.

Ich erschrecke. »Was? Woher kennen Sie meinen Namen?«, höre ich mich stammeln.

»Schaue mich genau an«, sagt er. Er spricht akzentfreies Deutsch.

Ich erhole mich von meinem Schrecken und trete näher an ihn heran. Er lächelt, hat graues Haar, ist dünn und hager. Aber ich kenne ihn nicht.

»Guai Yaga hat Ihnen offensichtlich von mir erzählt«, sage ich, »Sie kommen aus Deutschland?«

Er lächelt noch immer. Dann steht er auf und reicht mir die Hand. »Schau mich doch mal ganz genau an, Nida. Erkennst du mich wirklich nicht?«

Was soll das Spiel? Ich bin verwirrt und empört und werfe trotzdem einen genaueren Blick in seine Augen. Sie sind blau. Plötzlich durchfährt es mich wie ein Blitz: Ich sehe den fremden Mann vor mir sitzen, in einer ganz anderen Situation. Ich werde nervös, wende mich ab und gieße mir mit zittrigen Händen Tee ein.

»Es fällt dir langsam wieder ein, nicht wahr?«, höre ich seine Stimme hinter mir.

Ich versuche, die Tasse an den Mund zu führen, doch meine Hände zittern so sehr, dass ich ein wenig Tee verschütte. Schnell wische ich mit dem Ärmel über mein nasses Kinn. Ich drehe mich langsam um und schaue ihn an. Wieder ein Gedankenblitz: Wir sitzen uns gegenüber und reden. Es ist eine angeregte, intensive Unterhaltung. Meine Knie werden weich. Ich stütze mich am Herd ab.

»Ich glaube, ich bin doch verrückt«, höre ich mich sagen. »Wer sind Sie?«

Er schmunzelt. »Nein«, sagt er, »du bist nicht verrückt.« Seine Stimme klingt sehr sanft und freundlich. »An was erinnerst du dich?«

»Wir sitzen am Tisch und reden«, sage ich abwesend und starre Löcher in die Luft. »Wieso erinnere ich mich an so was?« Ich bekomme es plötzlich mit der Angst zu tun.

»Es ist gut, Nida«, sagt er beruhigend. »Erinnere dich weiter. Wo sitzen wir? Wie sieht der Raum aus?«

Ich blicke auf eine innere schwarze Wand. Einen Moment lang schwirren meine Gedanken ungeordnet herum. Ich zucke zusammen, plötzlich tauchen Bilder auf.

»Sie haben ein Buch vor sich liegen«, sage ich laut. »Was soll das werden?« Aufgebracht starre ich den Mann an. »Was wollen Sie von mir?«

»Nida, Nida«, sagt er beschwichtigend und versucht, seine Hände auf meine Schultern zu legen. Ich schlage sie weg und funkele ihn wütend an. »Was ist hier los? Wer sind Sie?«, schreie ich.

Er weicht erschrocken ein paar Schritte zurück und betrachtet mich unsicher mit einigem Abstand. Langsam nähert er sich wieder seinem Stuhl, setzt sich und atmet tief durch. »Ich möchte, dass du dich an unsere Begegnung erinnerst. Bitte …«, sagt er fast flehentlich, »beruhige dich wieder, und versuche, dich einfach nur zu erinnern.«

Wieder erscheint ein Bild in meinem Kopf. Ich habe nicht darum gebeten, es ist plötzlich da.

»Ich stehe vor dem Buchladen«, sage ich verblüfft.

»Schaue genauer hin.«

»Ich möchte etwas für meine Freundin kaufen – in der Gerbergasse.« Ich reibe mir die Stirn, taste nach einem Stuhl und lasse mich fallen. »Es ist der Tag, an dem ich die drei Stunden verlor«, sage ich leise. »Die Erinnerung kommt zurück. Ich stehe vor der Buchhandlung in der Gerbergasse.« Ich massiere meinen Kopf mit beiden Händen. »Ich gehe hinein. Da ist ein besonderer Gast.« Ich blicke auf. »Das sind Sie.«

Er nickt.

»Wir unterhalten uns – und mir gefällt Ihr Buch.« Ich schüttele fassungslos den Kopf. »Wieso kommt das jetzt alles plötzlich wieder?«

»Schaue dir das Buch genauer an, Nida«, drängt er mich.

Ich suche in meiner Erinnerung nach dem Titel. Dann sehe ich ihn vor mir. »Ich glaube das nicht«, sage ich tonlos, und mein Kopf fängt an zu glühen.

»Nenne mir den Titel!«, verlangt er.

»Es ist das Buch … über Guai Yaga.« Ich starre ihn an. »Sie haben das Buch über Guai Yaga geschrieben! Sie sind der Heiler aus Deutschland!«

»Ja.«

Wir schauen uns einige Sekunden lang schweigend an.

»Ich fasse es nicht«, sage ich schwach. »Was ist an dem Tag passiert?«

»Woran erinnerst du dich noch?«

»Helfen Sie mir.«

»Ich heiße Bert. Wir verstanden uns auf Anhieb. Schon nach einigen Sätzen haben wir uns geduzt. Vielleicht willst du das auch weiterhin tun?«

»Bert«, sage ich gedankenverloren. »Ich erinnere mich. Wir redeten lange, und ich wollte alles über Guai Yaga wissen. Ich war – fasziniert!«

»Richtig. Wir haben uns anderthalb Stunden lang unterhalten, und ich habe dir viel von dieser außergewöhnlichen Frau und diesem besonderen Ort erzählt.«

Und dann? Warum konnte ich das alles einfach so vergessen? »Was ist danach passiert? Was hat meine Erinnerung ausgelöscht?«

Bert lächelt wieder. »Du weißt es nicht mehr?«

»Was?«

»Auch jetzt fällt es dir nicht ein?«

»Um Himmels willen, was? Höre auf, mit mir zu spielen. Sage mir einfach, was du weißt.«

»Du wolltest hierher«, antwortet Bert. »Unbedingt und sofort.«

Ich fasse mir an den Kopf. Schon wieder so ein Geistesblitz: Wir gehen in einen Raum über der Buchhandlung, ein kleiner Vortragsraum, wir sind allein. Mein Herz pocht. Ich presse meine feuchten Hände an meine Schläfen. Was ist dann geschehen? Ich renne gegen die schwarze Wand in meinem Kopf, immer wieder. Doch hier endet meine Erinnerung. Ich schaue auf. »Was ist dort passiert?«, frage ich noch einmal.

»Ich habe dich hypnotisiert.«

»Was?«

»Ich habe dich …«

»Das ist nicht wahr!«

»Doch.«

»Warum?«

»Weil du es so wolltest.«

»Ich wollte es so?«

»Ja. Es war deine feste Absicht, sofort zu Guai Yaga zu reisen. Du hast mir erklärt, dass dir dein Leben verhasst sei. Es sei völlig leer. Du wolltest zu der Schamanin, um an dir zu arbeiten.«

Ich schaue verloren auf meine Hände. »Ja«, sage ich. »Du hast recht. Und dann bin ich ins Reisebüro gegangen und habe den Flug gebucht.«

»Und den Visaexpress beauftragt.«

»Unglaublich.« Ich bin völlig fassungslos. »Aber warum die Hypnose?«

Bert grinst. »Du warst dir sicher, dass du sonst am nächsten Tag einen Rückzieher machen und stattdessen wie bisher brav deinen alltäglichen Aufgaben nachgehen würdest. Du wusstest, dass du durch eine kleine Amnesie, verursacht durch die Hypnose, derart aus der Bahn geworfen werden würdest, dass du den einzigen Hinweisen, die du hast – das Visum, das Flugticket und Guai Yagas Namen – nachgehen und in die Mongolei reisen würdest, um der Sache auf den Grund zu gehen. Ja, und so ist es doch tatsächlich geschehen. Normalerweise arbeite ich nicht mit Erinnerungen auslöschenden Hypnosen, aber in deinem Fall habe ich mich darauf eingelassen. Du erschienst mir stark genug zu sein, um das zu verkraften.«

»Und Ganbat?«

»Den habe ich für dich organisiert, über eine Agentur in Deutschland, Asia Friends. Ich arbeite immer mit ihr zusammen, das klappt in der Regel reibungslos.«

Ich schüttele nur noch meinen Kopf. »Und die Schnittwunde?«

»Von einer Buchseite. Die Buchhändlerin hat deine Wunde verarztet.«

»Das ist unglaublich! Ich bin unglaublich, weil ich mir so etwas einfallen lasse.«

»Es war dein sehnlichster Wunsch, hierherzukommen, und ich muss sagen, du hast einiges in Kauf genommen, um deinen Weg zu gehen oder, um es mal mit Guai Yagas Worten zu sagen, dem Ruf deiner Seele zu folgen.«

»Und warum bist du jetzt hier, Bert?«

»Das haben wir so verabredet.«

»Ehrlich?«

»Ja, um das Rätsel aufzulösen.« Bert schaut mich mit amüsiertem Blick an. »Aber ich hatte ohnehin für diese Zeit einen Aufenthalt in der Mongolei geplant.«

»Ich bin völlig verwirrt. Bitte entschuldige mich, Bert.«

Ich renne nach draußen. Am Viehgatter steht Guai Yaga und krault gedankenverloren die Ponystute.

»Hast du das gewusst?«, will ich wissen.

Die alte Schamanin schaut mich lange an.

»Dein Energiefeld ist im Moment ein wenig verrückt«, sagt sie.

»Kein Wunder. Ich habe gerade erfahren, mit was für einem ausgeklügelten Plan ich den Aufenthalt bei dir organisiert habe.«

Guai Yaga wiegt schmunzelnd den Kopf hin und her. »Ich wusste von Ganbat, dass eine deutsche Frau kommen würde, um von mir zu lernen. Mehr nicht. Bert hat mir vorhin erzählt, wie sich alles zugetragen hat.« Die alte Schamanin kichert glucksend. »Ich finde, du hast das sehr geschickt angestellt. Es passt zu dir, so zu handeln, es zeigt, dass du Humor hast.«

»Findest du?«

»Ja«, sagt sie.

Wir schweigen, sehen uns an, und ich denke an den Tag zurück, an dem ich die drei Stunden verloren habe. Ich schüttele den Kopf. Alles meine Idee. Verrückt, vom Anfang bis zum Ende verrückt. Was für ein schlauer Kopf bin ich doch, mich derart zu überlisten. Kompromisslos und ohne Rücksicht auf mein altes Leben. Von einer Sekunde auf die andere habe ich meinen bisherigen, sehr tristen Weg durch eine Abzweigung ins Dickicht verändert. Beeindruckend, in der Tat.

»Das war sehr mutig von dir, Nida«, sagt Guai Yaga. »Schon am ersten Tag hat mich dein Mut beeindruckt. Ich konnte ihn sehen. Du warst zwar leer, dein Energiefeld war dunkel und verworren, aber dein Mut leuchtete kurz über deinen Schultern auf – wie ein Gewitter. Ich habe geahnt, dass du viel riskiert hast, um zu mir zu kommen.«

»Guai Yaga«, sage ich und schaue die Schamanin lange an, »ich danke dir für alles.«

Ich mache einen Schritt auf sie zu. Guai Yaga lächelt und öffnet ihre Arme. Noch nie zuvor habe ich den kleinen Körper dieser so besonderen Frau an mich gedrückt. Eine Schamanin wie Guai Yaga nimmt man nicht so einfach in den Arm, doch in diesem Moment ist es richtig – für sie und für mich! Lange stehen wir da, Brust an Brust. Wir tauschen Freundschaft, Nähe, Liebe und Energie aus.

Bert wird über Nacht bleiben. Doch er hat die Absicht, am nächsten Morgen früh abzureisen, um in Ulan Bator an einem Kongress teilzunehmen. Ich bin sehr dankbar, dass er nur kurz bleibt. Denn mein letzter Tag soll allein für Guai Yaga und mich bestimmt sein. Sie hatte recht, als sie sagte, die Dinge könnten sich am Ende möglicherweise plötzlich überschlagen. Viel zu schnell vergingen die Stunden, die letzten Tage. Und übermorgen reise ich ab …

Wir essen schweigend. Guai Yaga und Bert verstehen sich ohne viele Worte. Man spürt, dass sie schon viel gemeinsame Zeit in dieser Jurte verbracht haben. Die Zubereitung des Essens war einem unausgesprochenen Ritual zwischen den beiden gefolgt.

Ich bin eifersüchtig: Bert stört. Immer wieder lächelt er mich aufrichtig und liebevoll an, was mir ein schlechtes Gewissen bereitet. Mit meinem kindlichen Bedürfnis, Guai Yaga für mich allein beanspruchen zu können, komme ich mir neben diesen beiden besonderen Menschen geradezu lächerlich vor. Hatte ich bisher das Gefühl, mein Bewusstsein schon auf ein hohes Niveau gebracht zu haben, werde ich nun eines Besseren belehrt und begegne wieder meinem ureigensten Problem: Ich fühle mich minderwertig.

Als ich still in einen Getreidefladen beiße, bemerke ich, dass die alte Schamanin mich beobachtet. Ich schaue auf, und sie lächelt mich an. Ihre schmalen schwarzen Augen halten meinen Blick sanft fest. Offensichtlich weiß sie um meinen inneren Kampf.

Ich möchte am liebsten weinen, so sehr berührt mich diese Situation. Ich sehe, wie Guai Yaga für einen Moment ihre Hand auf die Mitte ihrer Brust legt. Sie will mir damit sagen, dass ich in der bedingungslosen Liebe bleiben soll. Sie erinnert mich daran, dass die Energie der großen Quelle stark ist – viel stärker als das Gefühl, das mich plagt.

Schweigend konzentriere ich mich auf mein Herzchakra, den Energiewirbel in der Mitte meiner Brust. Ein warmes Gefühl durchströmt mich. Es ist so einfach. Bert schaut mich an, ich lächle: Er stört mich nicht mehr. Wie schön wäre es, wenn es mir irgendwann gelänge, immer in diesem Gefühl zu verweilen, aus dem heraus ich jeden Menschen betrachten und bedingungslos annehmen kann. Grenzenlose Kraft liegt darin, Schutz und die Empfindung, mit der Urquelle verbunden zu sein.

Nach dem Essen frage ich Bert, was für ihn die wichtigste Eigenschaft eines Heilers sei.

Er schaut mich an und muss nicht lang überlegen. »Niemals von sich selbst und der schöpferischen Energie, die uns alle umgibt, getrennt zu sein.« Er scheint daran zu zweifeln, dass ich ihn wirklich richtig verstanden habe. »Lasse dich niemals trennen, Nida«, wiederholt er. »Du wirst möglicherweise Zeiten durchleben, in denen es für dich zu einer echten Prüfung wird, an deinem Weg festzuhalten. Bei der Entwicklung zur Heilerin oder Schamanin wirst du vielleicht öfter deinen Schattenseiten begegnen, als dir lieb ist. Und zwar meistens dann, wenn du gerade das erhebende Gefühl hast, angekommen zu sein. Das ist die Prüfung. Denn in diesen Momenten wirst du stark genug sein, das eigene Dunkel zu ertragen und den nächsten bedeutenden Schritt zu gehen. Wenn du deinen Schattenseiten begegnest, lasse dich nicht trennen. Glaube und Vertrauen werden dir weiterhelfen.«

»Ich habe keine Angst«, sage ich.

Bert lächelt. »Wenn du heilst, dann wisse, dass Gedanken stärker sind als der Körper. Heilung geschieht nur dann, wenn die Seele es will. Und das entscheidest niemals du. Versuche nie, eine Heilung zu erzwingen. In meinen ersten Jahren als Heiler bin ich oft daran verzweifelt, wenn ich eine Heilung mit aller Kraft wollte und sie nicht gelang. Ich interpretierte dies als Unfähigkeit meinerseits. Doch ich lernte bald, zu akzeptieren, dass ich zwar alles geben muss, aber das Gelingen der Heilung dennoch nicht allein dem Einfluss meines Willens unterliegt.«

Guai Yaga, die unserem Gespräch nicht folgen kann, weil wir es auf Deutsch führen, mischt sich plötzlich ein und sagt auf Russisch zu mir: »Schamanin zu sein, bedeutet auch, Menschen dabei zu helfen, ihre dunklen Gedanken aus ihrem Schattendasein zu befreien, damit sie so die eigene Kraft und das eigene Licht wieder spüren können. Erinnere die Menschen an ihre Gaben, denn darauf sollen sie sich konzentrieren. Jede Gabe ist eine Aufgabe, die man zu erfüllen hat.«

TAG 17

»Mach es gut, Nida.« Bert nimmt meine Hand und drückt sie ganz fest. »Wir werden uns bestimmt wiedersehen, in Deutschland oder in der Mongolei.«

»Ja«, sage ich. »Da bin ich mir auch ganz sicher.«

Bert verabschiedet sich von Guai Yaga, innig und leise, den Kopf zu einer Verneigung gesenkt, halten sie einander an den Händen und sprechen mongolische Worte, die ich nicht verstehe. Dann nimmt er seine Tasche, hievt sie auf die Schulter und will gehen, doch ich halte ihn zurück.

»Danke«, sage ich.

Er bleibt stehen und sieht mich an.

»Der Tag in der Buchhandlung – wenn ich dir dort nicht begegnet wäre …«, ich zögere. »Unsere Begegnung hat mein Leben völlig verändert. Und ich bin dir sehr dankbar dafür.«

Bert schenkt mir ein liebevolles Lächeln. »Nida, das war so verabredet zwischen uns, zwischen deiner und meiner Seele. Lange vor diesem Leben.«

Ich muss schmunzeln. »Meinst du wirklich?«

»Ich bin mir sicher.« Bert schaut nachdenklich zur Seite, dann sagt er: »Ich bin Heiler. Und wenn jemand zu mir kommt, möchte ich ihm helfen. Und bei dir war es überdeutlich, dass du Hilfe suchtest, Nida. Da kam eine Frau, die sich dazu entschieden hatte, ihr Leben künftig restlos ihrer eigentlichen Aufgabe zu widmen. Es war wunderbar für mich, dir zu helfen. Ich danke dir.«

Wir stehen noch eine kurze Weile da und sehen uns lächelnd an, dann wendet sich Bert um, steigt in seinen Mietwagen und fährt davon.

Ein letztes Mal melke ich den Yak. Ein letztes Mal säubere ich die Weide. Ein letztes Mal sehe ich Guai Yaga beim Backen der Fladen zu, und ein letztes Mal suche ich nacheinander all die Orte auf, die in den vergangenen Tagen eine wichtige Bedeutung auf meinem Weg hatten.

Ich gehe zum Fluss, tauche noch einmal in das kalte Wasser und trockne mich in der Sonne auf einem Stein.

Ich wandere zum Wäldchen, begrüße die Eiben und suche den Ort auf, an dem ich die wohl längste Nacht meines Lebens verbracht habe. Ich berühre den Stein und halte meine Stirn an die Rinde des alten Weißdornbaumes. Auch jetzt spüre ich wieder, dass mich an diesem heiligen Platz Frieden und Glück durchströmen. Alles ist wie damals. Selbst als ich den Weg aus dem Wald heraus suche, beschwert sich wieder laut fiepend eine Maus.

Ich gehe weiter, an den wohl für mich wichtigsten Ort. Mächtig erhebt sich das Steinplateau vor mir. Ich fahre mit meinen Fingern an der Felswand entlang und gehe einmal herum, folge dem beschwerlichen, steinigen Pfad nach oben, bis ich atemlos vor den

Stufen hinauf zur Kuppe stehe. Siebzehn Stufen. Ich steige sie ganz bewusst hinauf, jede einzelne, eine für jeden Tag. Das war mein Weg. Ich bin ihn gegangen. Ich habe geweint, gewütet, gelacht und mich glücklich gefühlt. Ich war verzweifelt, verängstigt, fand Trost und Liebe. Ich habe die Erde gespürt und Gott, ich bin gestorben und neu geboren worden. Jetzt bin ich angekommen. Ich hebe die Arme zum Himmel, spüre das Licht der Sonne, den Wind. Ich drehe mich im Kreis. Ich schreie, meine Seele schreit: »Ich bin da!«

Erschöpft lasse ich mich auf den Felsboden fallen, die Augen zum Himmel gerichtet. Ich stelle mir vor, wie die Kraft der Erde durch den Stein in mich, in meinen Rücken fließt. Ich sehe ihr Herz wie einen roten Kern in meinem Inneren. Vorsichtig versuche ich, es gedanklich mit meinem eigenen zu berühren. Wärme durchströmt mich, Liebe durchströmt mich. Ich erhebe mich wieder, stelle mich aufrecht hin. Meine Füße sind verbunden mit der Energie der Erde, mein Kopf mit der des Himmels. Jetzt weiß ich, was es bedeutet, eine Schamanin zu sein.

Der Weg zurück zur Jurte ist nicht lang. Ich gehe ihn langsam. Ein Schatten folgt mir. Ich sehe auf: Es ist der Adler. Will er sich verabschieden? Ich bleibe stehen, beobachte, wie er lautlos durch die Luft gleitet. Die dunklen Schwingen werfen für einen kurzen Moment einen Schatten auf mein Gesicht.

»Mein Krafttier«, sage ich leise.

Noch einmal kreist er über meinem Kopf, dann fliegt er nach Osten und verschwindet aus meinem Blickfeld.

Guai Yaga wartet schon auf mich. Sie hat ein Feuer gemacht. Um das Feuer herum liegen große Steine. Ich gehe in die Jurte, um die Pfeife zu holen. Als ich wiederkomme, sitzt Guai Yaga still auf einem der Steine am Feuer und betet.

Ich setze mich zu ihr, sehe sie lange schweigend an. Dann nehme ich die Pfeife zur Hand und stopfe sie. Ich tue das ruhig und bedächtig. Es ist ein Ritual. Es ist unser Ritual, unser Abschied. Ein kleiner Holzspan dient mir als Streichholz. Die Flamme lodert auf, ich ziehe den Rauch tief in meinen Mund. Dann reiche ich Guai Yaga die Pfeife. Sie lächelt, doch ihre Augen blicken traurig. Das ist für mich schwer auszuhalten. Wie soll ich die Traurigkeit der Schamanin in diesem Moment verkraften, wenn auch an mir selbst der Abschied so zehrt? Sie gibt mir die Pfeife zurück, ich führe sie an meine Lippen. Auf das glatte Holz tropft eine Träne.

»Du hast an diesem Ort ein neues Zuhause, Nida Janusz«, sagt sie. »Für immer. Wann immer du kommen und so lange du bleiben möchtest. Diese Jurte gehört auch dir.«

»Guai Yaga«, sage ich traurig. »Wenn ich doch nur Worte finden könnte, die beschreiben, wie dankbar ich dir bin.«

»Du brauchst keine Worte, ich sehe doch in dein Herz.« Sie lächelt mich an, und in ihren schwarzen Augen spiegeln sich die leuchtenden Flammen des Feuers. »Und ich weiß, du bist weit genug, um auch in mein Herz zu sehen. Wir brauchen keine Worte.«

Dann nimmt sie mir die Pfeife aus der feuchten Hand und raucht. Ich nehme sie zurück und rauche auch. So geht es eine Weile. Wir sitzen still am Feuer, bis die Sonne langsam untergeht und uns in rotes Licht hüllt. So geht der siebzehnte Tag vorbei.

TAG 18

Ich sitze schweigend neben Ganbat. In der Ferne erkenne ich schon die Türme des Flughafens. Er hat einen Rückflug für mich gebucht, ich muss mein Ticket nur noch abholen. Ganbat lenkt das Auto in eine Parkbucht und zieht den Zündschlüssel ab.

Ich öffne die Tür und steige aus dem Wagen. Es ist heiß, so heiß und stickig wie am Tag meiner Ankunft. Ganbat wuchtet meine Reisetasche aus dem Kofferraum. Dann gehen wir gemeinsam in das Flughafengebäude.

Mein Dolmetscher erklärt der jungen Mongolin am Tresen, dass er einen Flug für Frau Janusz gebucht habe. Die Frau nickt. Sie zieht eine Schublade auf und durchsucht für einen kurzen Moment die Papiere. Schließlich reicht sie mir mein Ticket mit einem herzlichen Lächeln. Ich schiebe ihr die Kreditkarte hinüber. Sie bucht ab. Abwesend bedanke ich mich. Ich drehe mich um, betrachte das Treiben auf dem Flughafen, und in meinem Herzen macht sich eine schmerzliche Sehnsucht breit, nach der Ruhe der Steppe, nach der Jurte, nach Guai Yaga.

Ganbat strahlt mich fröhlich an. »Auf Wiedersehen, Nida«, sagt er. Ich werfe einen Blick auf die Anzeigetafel.

»Auf Wiedersehen, Ganbat«, sage ich. »Und vielen Dank für alles.«

Fest drückt Ganbat meine Hand. »Ich werde mich mit einem Kaffee ins Auto setzen und so lange warten, bis Ihr Flieger in der Luft ist und ich ihn nicht mehr erkennen kann. Das ist mongolische Tradition. Ich werde so lange warten, weil Sie ein ganz besonderer Gast waren.«

»Das ist sehr nett von Ihnen, Ganbat«, sage ich dankbar. »Wirklich, sehr nett. Sie waren mir ein guter Übersetzer und Freund in diesem wunderbaren Land.«

»Sie werden doch einmal wiederkommen?«, fragt er scheu.

»Selbstverständlich. Aber nun lassen Sie es uns nicht unnötig schwer machen. Gehen Sie ruhig, und holen Sie sich einen Kaffee. Ich mache mich auf den Weg.«

Ganbat nickt und schenkt mir noch einmal sein strahlendes Lächeln. Dann dreht er sich um und schlendert zum Kaffeeautomaten. Ich sehe, wie er nach Münzgeld kramt, die richtige Sorte wählt und schließlich mit einem Heißgetränk in der Hand durch das Flughafenportal nach draußen durch die stickige Hitze zu seinem Auto schlendert.

Ich setze mich auf eine Bank. In meinen Händen halte ich das Ticket. Ich betrachte es. Es wird spannend werden, mein neues Leben in Deutschland. Ich freue mich darauf. Ich schaue durch die Glasfront nach draußen. In der Ferne kann ich Ganbats Geländewagen erkennen.

Guai Yaga wird jetzt sicher schon den ersten Patienten empfangen. In Gedanken sehe ich sie in Trance singen. Ich stehe auf und nehme meine Reisetasche in die Hand. Dann bleibe ich regungslos stehen, betrachte das Flugticket in meiner Hand, schaue noch einmal durch die Scheiben nach draußen. In der Ferne sehe ich die mongolische Steppe. Es ist mein Weg – es ist meine Entscheidung.

ÜBER DIE AUTORIN

Ina Ruschinski veröffentlicht seit 2001 Romane, Impulsgeber, Pferde- und Kinderbücher. Über 23 Jahre lang hat sie als Reitpädagogin Kinder und Jugendliche in deren Persönlichkeitsentwicklung gemeinsam mit Pferden begleitet und unterstützt. Nun liegt ihr beruflicher Schwerpunkt in der Frauenarbeit. Sie lebt mit ihrer Frau, drei Pferden, Hund und Katze auf ihrem Hof nahe Oldenburg und gibt dort ihre Erfahrungen und Kenntnisse im Coaching mit Pferden für Frauen und in Seminaren »Rund um das Pferd« als Western-Reitlehrerin weiter. Auf ihrem spirituellen Weg ließ sie sich zur Reikimeisterin, Schamanin und Geomantin einweihen.

www.ina-ruschinski.de

Gehen Sie mit GUAI YAGA auf eine bewegende Reise zum Herzen von MUTTER ERDE

Ina Ruschinski
Gaias Ruf
Eine schamanische Reise
zum Herzen der Erde
200 Seiten
ISBN 978-3-8434-1431-9

Zeiten des Wandels – die alte Schamanin Guai Yaga vernimmt in einer Vision Gaias Ruf und bricht auf, lässt die vertraute Jurte hinter sich und schlägt einen Pfad ein, den nur sie kennt: den Weg zum Herzen der Erde – jeder Tag ein Ritual der Heilung, jeder Schritt ein Gebet. Aber die Schamanin ist nicht allein. Die Kraftorte der Erde vernetzen sich. Weit entfernt von der mongolischen Steppe begeben sich auch die Künstlerin Alexandra und ihre 21-jährige Tochter auf eine Reise. Während sich der einen der Auftrag zur Heilung der Mutterlinie offenbart, stellt sich die andere dem Unbekannten und findet viel mehr, als sie je zu träumen gewagt hätte. Und über allem das Geheimnis der Zeichen und Steine – stiller, wissender Energiehüter …

Schirner Verlag